Ellen Nieswiodek-Martin (Hg.)

Im Vertrauen weitergehen

Inhalt

ELLEN NIESWIODEK-MARTIN (Hg.)

IM Vertrauen WEITERGEHEN

Wahre Geschichten,
die Mut machen

Lydia

Gottes Macht ist nicht unsichtbar. Sie ist real.
Wenn wir stets auf ihn blicken,
holt er uns aus Zwängen heraus,
die uns in Furcht gefangen halten.
Wir schaffen das Unmögliche,
indem wir uns auf Gott konzentrieren,
bei dem alle Dinge möglich sind.

Christine Caine

Wer an Gott glaubt, ist nicht vor Krankheit und Leid geschützt.
Aber: Gott lässt uns nicht damit allein.

Ellen Nieswiodek-Martin

Was trauen wir Gott zu?

Ich bin keine Vertrauensheldin, sondern neige dazu, die Dinge selbst in die Hand zu nehmen. Vermutlich ist das der Grund, warum Gott mir gelegentlich kleine Hausaufgaben in Sachen Vertrauen gibt …

Im vergangenen Jahr waren wir im Urlaub auf einer Nordseeinsel. Auf der Rückfahrt war die Fähre sehr voll, wir standen an der Reling und schauten etwas wehmütig auf das Meer.

Wir waren nicht mehr weit von der Hafeneinfahrt entfernt, als meine kleine Tochter schrie: „Mama, mein Hundi …!" Ihr Kuscheltier war über die Reling gefallen. Wir konnten es nicht sehen und liefen zum Heck des Schiffes. Dort hinten schwamm es auf den Wellen davon … Unsere Sechsjährige konnte sich nicht mehr beherrschen. Der Hund war ihr liebstes Kuscheltier. Sie schluchzte und schluchzte …

Wir waren ratlos, was wir tun könnten. Dann schipperte auch noch die Fähre in Richtung Insel an uns vorbei. Vermutlich würde das große Schiff den Hund unter Wasser drücken.

Als wir am Hafen ankamen, erkundigten wir uns bei den Angestellten der Fährgesellschaft, ob wir auf dem Steinwall, der neben der Fahrrinne aufgeschüttet ist, hinauslaufen dürften, um nach dem Hund zu suchen. Das durften wir, aber die erfahrenen Hafenarbeiter machten uns keine Hoffnung: Die zweite Fähre habe das Kuscheltier vermutlich aufs Meer hinausgezogen.

Mit dem immer noch schluchzenden Kind an der Hand überlegten wir: Am besten wäre es, das Tier abzuschreiben und uns auf die Heimfahrt zu machen. Es regnete und war ziemlich kalt. Aber das fiel uns irgendwie schwer. Also beschlossen wir, es doch zu versuchen.

Am Hafen gab es ein Museum der Seenotrettung. Ob die auch Kuscheltiere retten würden, bezweifelte ich. Mein Mann ging hinein und kam mit einem Besen mit extralangem Stiel zurück. So ausgerüstet, machte er sich auf den Weg über den glitschigen Steinwall.

Wir standen am Rand des Hafens und schauten ihm zu. Ich kam auf die Idee zu beten. Wir beteten häufig für die Anliegen unserer Kleinen. Aber ich fand, die Chancen auf eine Gebetserhörung standen schlecht, sehr schlecht sogar. Ich überlegte, was ich meinem Kind sagen würde, wenn wir den Hund nicht zurückbekämen. Welches Bild würde sie von Gott bekommen, wenn wir diesen Kuschelhund nicht wiederfänden? Und Gott hatte momentan sicher andere Probleme: Flüchtlinge, IS, Kriege …

Dann merkte ich, was ich da eigentlich dachte. Dass ich mit meinem menschlichen Verstand beurteilte, was Gott tun würde. Dass ich die Chancen auf eine Gebetserhörung berechnete.

So wollte ich nicht denken. Also beschloss ich zu vertrauen. Ich dachte: *In Ordnung. Gott, du hast versprochen, dass wir dich um alles bitten dürfen. Dann tun wir das jetzt. Und ich vertraue dir, dass du dieses Kind nicht enttäuschst!* Dann beteten wir zusammen.

Kapitel 1

WENN ICH ANGST UND SORGEN HABE

Keine Macht den Sorgen

Katja Bieneck

Ich mache mir oft im Vorfeld Gedanken darüber, was alles schiefgehen könnte. Das Leben ist schließlich kein Ponyhof! Beziehungen, die schmerzhaft scheitern; Operationen, die misslingen; berufliche Probleme – jeder kann ein Lied davon singen.

Vor einigen Jahren befand ich mich in einer Situation, in der ich mir viele Sorgen machte. Ich hatte eine neue Stelle angetreten und musste erleben, dass mein Arbeitsstil nicht auf Gegenliebe stieß. Es gab einige ältere Mitarbeiterinnen, die sehr klare Vorstellungen davon hatten, wie dieses oder jenes getan werden musste, ich dagegen war eher unkonventionell und innovativ in meinem Tun.

Im Nachhinein ist mir bewusst, dass ich als Neuling sicherlich an mancher Stelle zu schnell vorgeprescht bin, ohne meine Kolleginnen angemessen miteinzubeziehen. Aber keiner sprach mich darauf an, keiner sprach *mit* mir, sondern nur *über* mich. Es gab auch vieles, was ich gut machte, aber das fand keine Resonanz.

Später erfuhr ich, dass vor mir schon etliche Mitarbeiterinnen gemobbt worden waren. Eine schwangere Angestellte hatte unter großem zwischenmenschlichen Druck sogar von sich aus gekündigt. Ein Verwaltungsmitarbeiter hatte mich schon im Vorfeld vor diesem Arbeitsplatz gewarnt. Aber da ich von solchen Dynamiken keine Ahnung hatte, hatte ich dem keine

Und es kam genau so, wie er es versprochen hatte. Am Ende meines Studiums wurde eine Stelle bei einem guten Träger in meinem Wunscharbeitsfeld neu eingerichtet und ausgeschrieben. Eigentlich wurden in diesem Arbeitsfeld keine Berufsanfänger genommen, aber Gott öffnete mir diese Tür. Kein Problem ist für ihn zu groß. Das Team, mit dem ich die nächsten zwölf Jahre verbringen durfte, entpuppte sich als Traumteam: Wir verstanden uns gut, lachten viel miteinander und standen uns bei Schwierigkeiten zur Seite. Jeder wurde so angenommen, wie er war. Meine Verunsicherung wich mit der Zeit und ich blühte auf.

Ich glaube, dass Gott damals eingehend Ausschau gehalten hat, wo ein geeignetes Plätzchen für meine besondere Ausgangslage wäre, und dass er diese wunderbare Stelle dann für mich persönlich geschaffen hat.

Ich bin dadurch kein anderer Mensch geworden, und das Leben ist immer noch kein Ponyhof, aber ich habe einen wertvollen Schlüssel für den Umgang mit Herausforderungen gefunden: die tiefe Gewissheit, dass Gott für mich sorgen wird. Und ich mache immer wieder eindrückliche Erfahrungen mit Gott, die mir helfen, diesen Zuspruch auch auf andere Lebensbereiche und Situationen zu übertragen.

Die christliche Schriftstellerin Corrie ten Boom sagte einmal: „Mut ist Angst, die gebetet hat." So geht es mir auf meinem Weg vom Sorgen zum Vertrauen: Meine Gespräche mit Gott und die Erfahrung, wie seine Fürsorge mich trägt, helfen mir, aktuelle Krisen und Nöte in seine Hände zu legen und an seiner starken Hand weiterzugehen.

Ich bin Gott sehr dankbar für seine Treue und Geduld und wünsche mir, dass auch andere Gottes Nähe und seinen mächtigen Beistand spürbar erfahren.

Katja Bieneck ist ein Pseudonym.

Der Angst ins Gesicht schauen

Esther Lieberknecht

Lange Zeit geriet ich jedes Mal in Panik, sobald ich die ersten Anzeichen einer möglichen Erkrankung bemerkte. Ich sah mich schon im Krankenhaus, den schlimmsten Behandlungen ausgeliefert. Viele Jahre lang war mir diese extreme Reaktion ein Rätsel. Bis ich meine erste Kindheitserinnerung näher unter die Lupe nahm …

Ich liege in einem Gitterbett aus kaltem, glänzendem Metall. Ich kann nicht weg, bin eingesperrt. Ich bin allein im Zimmer. Schreien hilft nichts. Ich bin krank und der Welt des Krankenhauses ausgeliefert. Ich bin ein vierjähriges Mädchen und wegen Scharlach in Quarantäne. Da sich niemand anstecken soll, darf nur eine Krankenschwester ins Zimmer. Es ist niemand da, der mich tröstet, in den Arm nimmt, mit mir spielt. *Sie haben mich vergessen!*, denke ich immer wieder. *Wo ist meine Mama? Wo ist mein Papa? Wo sind meine Geschwister?*

Endlich tut sich etwas vor der großen Fensterscheibe zum Flur hin. Leute laufen vorbei. Aber sie bleiben nicht stehen. Da, ein Klopfen an der Scheibe. Meine Mutter steht davor. *Sie hat mich doch nicht vergessen!*, denke ich. Meine Mutter lächelt und winkt. Sie holt eine Puppe hervor und zeigt sie mir. *Das ist deine Puppe*, gibt sie mir zu verstehen. Ein Lächeln huscht über mein Gesicht.

Nachdem meine Mutter gegangen ist, kommt die Krankenschwester und bringt mir die Puppe. Glücklich nehme ich die Puppe in den Arm. *Sie haben mich doch nicht vergessen*, denke ich immer wieder. *Meine Mama ist da. Wenn ich wieder gesund bin, holt sie mich ab. Die Puppe ist das Zeichen dafür.*

Dieses Erlebnis hat sich tief in mein Herz gegraben. Deshalb die überdimensionale Angst bei den kleinsten körperlichen Symptomen, die eine Krankheit ankündigen könnten. Ich spulte immer wieder das gleiche Programm ab: das Angst-Programm.

Die Angst trennte mich von anderen Menschen. Ich hatte das Gefühl, ganz allein zu sein auf dieser Welt. Manchmal schaffte ich es noch nicht mal, mit meinem Mann über meine Gefühle zu sprechen. Die Angstgefühle traten besonders dann auf, wenn ich körperlich erschöpft war.

Ja, dieses Kindheitserlebnis hat mich geprägt. Doch heute bin ich erwachsen und kann mich entscheiden, wie eine erwachsene Frau damit umzugehen. Für mich war es wichtig, den Schmerz der Trennung von meiner Mutter noch einmal zu spüren. Als ich diese Kindheitserinnerung in meiner Schreibgruppe vorlesen wollte, war mir das fast nicht möglich, weil ich mit den Tränen kämpfte. Diese Trauer habe ich zugelassen und bewusst empfunden.

Nach der Trauer kam die Wut: „Warum hat meine Mutter das zugelassen? Gab es keine andere Möglichkeit, als mich allein zu lassen?" Auch dieses Gefühl habe ich mir erlaubt: „Ja, ich bin wütend darüber, wie sie damals mit mir umgegangen ist!" Um die Erfahrung neu zu bewerten, wollte ich etwas über die Sicht meiner Mutter erfahren. So traf ich mich mit ihr zu einem Gespräch über all meine Fragen: Wie hatte sie diese Situation erlebt? Hatte sie auch darunter gelitten? Hatte es keine andere Lösung gegeben? Warum nicht? Ihre Perspektive hat meine Sichtweise relativiert.

Meine Beziehung zu Gott hat Vergebung ermöglicht. In dem von Gott geschenkten Frieden konnte ich meiner Mutter verzeihen und selbst Frieden bekommen über dieser Erinnerung.

Meine Ängste sind zwar noch immer nicht restlos verschwunden, aber ich habe eine Strategie entwickelt, damit umzugehen:

Der Angst ins Gesicht schauen. Ich versuche so früh wie möglich zu erkennen: „Achtung, du hast Angst!“ Wenn ich es schaffe, in dieser Phase zu meinem Mann zu sagen: „Ich habe Angst!“, stelle ich mich diesem Gefühl in den Weg. Ich schaue ihm ins Gesicht und durchbreche die Isolation, in die ich sonst geraten würde. Wir können dann darüber reden und die Angst verliert ihre Macht über mich.

Der Angst einen Namen geben. Wenn ich der Angst einen Namen gebe, kann ich inzwischen manchmal sogar darüber lächeln. Zum Beispiel sage ich dann: „Hallo, da bist du ja wieder, meine ‚Ich bin krank‘-Angst! Oder meine ‚Ich kann das nicht‘-Angst! Oder meine ‚Es ist mir alles zu viel‘-Angst!“

In Bewegung bleiben. Mich in der Angstsituation hinzusetzen und zu grübeln hieße, mich der Angst zu überlassen. Deshalb frage ich lieber: „Wie kann ich mich jetzt entspannen und ablenken?“ Die Antwort kann zum Beispiel ein Spaziergang mit dem Hund oder ein Treffen mit einer Freundin sein. Oder ein spannendes Buch lesen. Oder Wäsche bügeln. Oder einen Brief schreiben. Durch diese Aktivitäten unterbreche ich die Spirale der Angst. Ich setze ihr eine Aktion entgegen, und sie hat keine Möglichkeit, Raum zu gewinnen.

Wenn ich Angst habe, fühle ich mich meist einsam und von Gott verlassen. Die Verbindung zu ihm ist wie abgeschnitten. Doch mit dem Gebet „Herr, ich habe Angst!“ stelle ich diese Verbindung wieder her. Ich erinnere mich an Gottes Zusagen. Zum Beispiel: „Ich werde dich nie verlassen und dich nicht im Stich lassen“ (Hebräer 13,5; Neues Leben). Oder: „Ich bin jeden Tag bei euch, bis zum Ende der Welt“ (Matthäus 28,20; Neue Genfer Übersetzung). Oder: „Von allen Seiten umgibst du mich und hältst deine schützende Hand über mir“ (Psalm 139,5; Hoffnung für alle). Ein Vers aus dem Buch Hiob macht mir Gottes Nähe und Schutz besonders bewusst: „So reißt er auch dich aus dem Rachen der Angst in einen weiten Raum, wo keine Bedrängnis mehr ist“ (Hiob 36,16; Luther). Dieses Bibelwort ist zu einem Anker in meinem Leben geworden.

Das Thema „Angst“ begleitet mich bis heute. Den „weiten Raum“ zu erobern ist ein Prozess. Doch dieser Prozess hält mich in der Nähe zu Gott. Ich lerne ihn und mich selbst besser kennen. Dafür bin ich dankbar, und ich will darauf vertrauen, dass Gott jeden Tag bei mir ist. Und stärker als die Angst.

Esther Lieberknecht ist verheiratet und Mutter von drei Kindern. Sie schreibt gern und ist in ihrer Gemeinde aktiv.

Liebe ist stärker als der Schmerz

Daniela Gäbel

Wir hatten mit großer Vorfreude auf unser Baby gewartet. Schon lange wünschten wir uns ein zweites Kind. Nach zwei Fehlgeburten durften wir unsere Tochter nun stolz und glücklich in Empfang nehmen. Sie war so winzig. Ein rundes, zerdrücktes Babygesicht, nur eine Locke auf dem Kopf: unsere Emmi.

Doch schon am nächsten Tag wurde sie wegen Atmungsauffälligkeiten auf die Säuglingsintensivstation verlegt. Die Ärzte redeten von „fazialen Dysmorphiezeichen". Zu Deutsch: „Sie sieht behindert aus!" Ich war fassungslos und wütend. Meine Emmi sah doch aus wie jedes andere kleine Baby auch! Leider irrte ich mich; es war doch nicht alles in Ordnung.

Die Diagnose war ein Schlag ins Gesicht: partielle Trisomie 11 – ein halbes Chromosom zu viel in jeder Zelle des Körpers. Zwar wagte kein Arzt eine Prognose, wie sich der genetische Defekt auswirken würde, doch da die Behinderung in unserer Familie nicht zum ersten Mal auftrat, hatten wir ein sehr konkretes Bild von dem, was uns erwartete: ein Kind, das, wenn es die ersten Jahre überlebte, niemals laufen lernen, niemals sprechen, niemals selbstständig essen würde. Ein Kind, das sein Leben lang von uns abhängig bleiben würde, das ständig krank wäre, kein eigenes soziales Leben aufbauen könnte.

Wir befanden uns in einer emotionalen Achterbahn: Die Freude über die Geburt unseres kleinen Mädchens wich einem Nicht-wahrhaben-Wollen, dann kamen Verzweiflung, Trauer, Hoffnung, Zweifel, Sorge, Wut. Nun hatten wir unsere lang ersehnte Tochter und gleichzeitig fehlte etwas. So viel von dem, was wir ihr wünschten für ihr Leben, für unser Leben, zerbrach einfach. Ich fühlte mich, als sei mein geliebtes Kind gestorben, und dennoch war mein kleines Mädchen da und wollte geliebt werden. Wir liebten sie, und doch weinten wir und klagten Gott, er möge dieses Elend wegnehmen. Aber Gott schwieg.

In den ersten Monaten ihres Lebens litt Emmi an einem „obstruktiven Schlafapnoesyndrom“: Wenn sie einschlief, hörte sie alle paar Sekunden auf zu atmen. Wir verbrachten einige Wochen auf der Säuglingsintensivstation, bevor wir dann mit einer Armada an Hilfsmitteln sowie Überwachungs- und Beatmungsmonitoren nach Hause entlassen wurden. Die ständigen Alarme und Fehlalarme raubten uns nachts den Schlaf und tagsüber die Kraft. Gott sei Dank besserte sich ihre nächtliche Atmung, je größer sie wurde. Dennoch litt Emmi auch weiterhin an scheinbar nie endenden Infekten. Es gab immer wieder Situationen, in denen unsere Kleine keine Luft bekam und in Todesangst wimmerte und japste. Es tat mir unglaublich weh zu sehen, wie gleichaltrige Kinder anfingen zu greifen und zu laufen, an Apfelschnitzen zu knabbern und zu plappern, während unsere Emmi das immer größer werdende Baby blieb, das die Welt um sich herum nicht verstand und sie mit verwirrten Augen betrachtete.

Ich klammerte mich an Gott. Trotz des großen Leids wollte und konnte ich den Glauben an einen guten, allmächtigen und liebevollen Gott nicht aufgeben, auch wenn ich mich bisweilen sehr im Stich gelassen fühlte. Immerhin stellte Gott uns wertvolle Freunde und Verwandte zur Seite, die uns aufopferungsbereit halfen und auch unsere Zweifel und Klagen aushielten. Doch sosehr wir auch fragten und klagten, Gott schwieg weiter.

Als Emmi etwa ein Jahr alt war, besuchten wir mit unseren Kindern Freunde in England, und sie nahmen uns mit in einen Gottesdienst. Während des Lobpreises kam ein junger Afrikaner zu uns und fragte, ob er für unser Baby beten dürfe. Er wusste nichts von Emmis Behinderung und diese war rein äußerlich nicht zu sehen. Er hatte einfach das Gefühl gehabt, er solle für unser Kleines beten. Als der junge Mann sich vor uns niederkniete und anfing zu beten, rannen ihm dicke Tränen über die Wangen. Und plötzlich war sie da, die Antwort Gottes auf all die Fragen und Klagen, die uns während der vergangenen Monate gequält hatten. Aus dem Mund dieses Fremden sprach Gott uns tröstende und ermutigende Worte zu. Die Botschaft dessen, was er sagte, traf mich mitten ins Herz. Ich wusste in dem Moment, dass Gott uns durch diesen Mann zeigte, wie sehr er mit uns weinte, aber auch wie sehr er in unseren Tränen und unseren Kämpfen bei uns war.

In den kommenden Wochen und Monaten dachte ich darüber nach, wie sehr Gottes Geschichte mit uns Menschen unserer Situation mit Emmi ähnelt. Dieser heftige, bisweilen überwältigende Schmerz darüber, dass meine Tochter nie so sein wird, wie sie hätte sein können, und zu sehen, wie sie darunter leidet, dass ihr Körper nicht so funktioniert, wie er sollte, diesen Schmerz, den kennt Gott gut. Auch er hat sich uns eigentlich anders gewünscht, als wir sind, nämlich als innerlich gesunde und freie Menschen. Aber das Böse haftet wie ein genetischer Defekt an uns und wir leiden unter den Folgen. Was für ein Schmerz muss das für Gott sein zu sehen, dass seine geliebten Menschen so fern von dem sind, was er sich für sie vorgestellt hat? All dieses Leid wollte er nie. Und wie sehr schmerzt es ihn, dass wir uns so oft nicht von ihm helfen lassen wollen!

Emmi lieben heißt, in diesen großen Schmerz einzutauchen. Aber die Liebe zu unserer Tochter – und das merken wir täglich mehr – ist letzten Endes stärker als der Schmerz, den sie mit sich gebracht hat und der, solange wir in dieser unvollkommenen Welt leben, wohl immer ein Teil unseres Lebens sein wird. Emmi ist geliebt. Sie muss nichts leisten, um geliebt zu werden. Sie muss nichts Besonderes sein. Sie ist einfach geliebt, so wie sie ist. Natürlich wünsche ich mir von Herzen, dass sie laufen lernt oder selbstständig zu essen oder zu sprechen. Aber auch wenn sie keines dieser Dinge lernt, ist sie geliebt. Wenn sie lacht, lachen wir mit. Ihr allerkleinster Fortschritt wird gefeiert. Aber wenn sie mal nicht lacht und keinen Fortschritt macht, ist sie trotzdem geliebt.

Emmi ist nun vier Jahre alt. Sie ist völlig abhängig von fremder Hilfe. Wir wissen nicht, wie viel sie von ihrer Umwelt versteht. Aber sie weiß, was Liebe ist. Sie saugt sie auf, sie fordert sie ein, sie gibt sie weiter, auch wenn es nur durch ein Lächeln ist. Unser Leben ist reich an Liebe.

Wenn schon wir unsere Emmi so lieben, wie viel mehr muss Gott uns dann lieben? Nicht dafür, dass wir Großartiges leisten und irgendetwas Besonderes sind, sondern einfach, weil wir sind. Jeden kleinen Schritt, den wir auf ihn zugehen, feiert er. Aber seine Liebe zu uns ist nicht davon abhängig, wie gut wir laufen, ob wir überhaupt in irgendeine Richtung laufen oder wie oft wir unterwegs hinfallen. Wir sind so oder so bedingungslos geliebt. So geliebt wie ein kleines behindertes Mädchen, das seiner Mama und seinem Papa wohl niemals sagen können wird, wie sehr es sie liebt, und das trotzdem jeden Tag mit Tränen und mit Lachen geliebt wird.

Daniela Gäbel ist Englischlehrerin und lebt mit ihrer Familie in Dresden.

Der Traum

Manuela Weigl

Nach fünf Ehejahren erwarteten mein Mann und ich unser erstes Kind. Wir freuten uns riesig. Im Januar befand ich mich im siebten Schwangerschaftsmonat, als an meiner Arbeitsstelle einige Personen an Ringelröteln erkrankten. Ich wurde sofort krankgeschrieben, aber zu meinem Entsetzen zeigte sich an meinem Körper bereits der für diese Krankheit typische Hautausschlag. Mein Arzt machte ein Blutbild und diagnostizierte Ringelröteln.

Diese Krankheit ist für ein ungeborenes Kind sehr gefährlich und kann zu schweren Behinderungen führen. Deshalb erwog der Arzt, einen Notkaiserschnitt zu machen.

Mein Mann und ich waren nach der Diagnose sehr geschockt und wollten diese Entscheidung erst einmal in Ruhe zu Hause überdenken. Dort baten wir Gott um Rat und Hilfe. In der Bibel steht: „Christus … der unsere Sünden an seinem Leib selbst an das Holz hinaufgetragen hat … durch dessen Striemen ihr geheilt worden seid“ (1. Petrus 2,21–24; Elberfelder). Wir glauben, dass Gott auch heute noch Heilung schenkt. Auf diese Verheißung wollten wir vertrauen. Unsere Gemeinde unterstützte uns im Gebet.

In der folgenden Nacht hatte ich einen Traum: Ich ging auf einem Feldweg bei schönstem Sommerwetter spazieren. Links und rechts von mir gingen zwei große, gesunde junge Männer, mit denen ich mich angeregt unterhielt und viel lachte. Ich wusste ganz genau, dass es meine Söhne waren. Bei dem Sohn zu meiner Rechten fiel mir besonders sein braun gebrannter, kräftiger Nacken auf.

Als ich aus diesem Traum erwachte, umgab mich ein übernatürlicher Frieden, und ich wusste, dass mein Kind gesund sein würde. Die Erinnerung an den Traum gab mir viel Kraft, wenn sich andere Gedanken und Ängste einschleichen wollten.

Nach zwei Tagen stellte ich fest, dass der Hautausschlag an meinem Körper fast verschwunden war. Mein Arzt nahm erneut Blut ab und konnte keine Ringelröteln mehr feststellen. Es war auch nicht mehr im Blut nachzuweisen, dass ich sie je gehabt hatte! Ich war mir sicher: Jesus hatte mich geheilt und mein Kind bewahrt. Nach zwei Monaten brachte ich einen gesunden Jungen zur Welt. Vier Jahre später bekamen wir unseren zweiten Sohn.

Als ich vor Kurzem mit meinen beiden Söhnen spazieren ging, erinnerte mich Gott an meinen Traum. In diesem Jahr ist unser älterer Sohn siebzehn Jahre alt geworden und sieht genauso aus wie in meinem Traum. Er ist 1,93 Meter groß, schlank und hat den braun gebrannten, kräftigen Nacken, den ich damals gesehen habe. Auch unser zweiter Sohn ist mit 1,70 Meter für seine dreizehn Jahre ausgesprochen groß. Und wie im Traum lachen wir sehr gerne miteinander!

Ist Gott nicht genial? „Ihm sei Ehre in Ewigkeit!“ (Römer 11,36; Luther).

Manuela Weigl ist Erzieherin und wohnt in Passau.

Wir können uns die Brücken,
über die wir gehen,
meistens nicht selbst aussuchen.
Wir können nur auf
Gottes Gnade vertrauen,
die uns durch solche
Veränderungen hindurchträgt.

Don Piper

Kapitel 2

WENN ES ANDERS LÄUFT ALS GEPLANT

Unser Überraschungsbaby

Gabriele Berger-Faragó

Als erfolgsverwöhnte Frau, die Studium, Beruf und das erste Kind mit Leichtigkeit geschafft hatte, traf mich die postpartale Depression nach der Geburt unseres zweiten Kindes völlig unvorbereitet. Ich, die fröhliche Powerfrau, plötzlich flügellahm und mit schwarz umwölkten Gedanken und Gefühlen? Ich erkannte mich selbst kaum wieder. Mehrere Ursachen kamen für die Depression zusammen: Komplikationen in der Schwangerschaft, hormonelle Unregelmäßigkeiten, starker beruflicher Einsatz meines Mannes und daher wenig Unterstützung, eigene berufliche Belastung bis kurz vor der Geburt sowie keinerlei Hilfe vonseiten der Familie. Allerdings nahm ich diese depressionsauslösenden Faktoren kaum wahr, sondern sah mich selbst als Ursache, hielt mich für eine schlechte Mutter und totale Versagerin.

Der Versuch, therapeutische Hilfe zu finden, scheiterte. Wir waren froh, als die Depression nach zehn Monaten mit dem Abstillen von selbst schlagartig verschwand. Dies ist eher selten, sodass ich jeder Frau in einer ähnlichen Situation dringend raten würde, therapeutische Hilfe in Anspruch zu nehmen. Den Traum von weiteren Kindern begruben wir jedoch, denn nach dieser Erfahrung traute ich mir ein weiteres Kind nicht zu.

Als ich auf die vierzig zuging, setzte ich teils erleichtert, teils traurig einen Punkt hinter die Babyzeit, verschenkte unsere Babysachen und plante meinen beruflichen Wiedereinstieg.

Welch ein Schock, als wir plötzlich feststellten, dass ich schwanger war! Ich geriet regelrecht in Panik. Bilder aus meiner Depressionszeit kamen hoch und jagten mich in Albträumen. Ich fühlte mich den Einschränkungen und den schlaflosen Nächten mit Baby nicht mehr gewachsen und meine beruflichen Träume platzten wie Seifenblasen.

Ich suchte mir seelische Unterstützung bei einer christlichen Schwangerschaftsberatung, von der ich wusste, dass die Mitarbeiter mir Mut zum Kind machen und praktische Hilfe geben würden. Mein größter Wunsch und mein Gebet war es, dass Gott mir ein inneres Ja und Freude über diese Schwangerschaft schenken würde, sodass ich das Kind annehmen und lieben könnte.

Kurz darauf erhielt ich auf ungewöhnliche Weise eine „himmlische" Botschaft, die mich sehr ermutigte: Jede Woche bekomme ich eine Werbe-E-Mail eines christlichen Postkartenvertreibers, die ich regelmäßig ungelesen in den virtuellen Papierkorb klicke. Kurz nach der Entdeckung meiner Schwangerschaft fand ich diese Werbe-E-Mail wieder einmal in meinem Posteingang. Gerade als ich sie wegklicken wollte, stach mir der Betreff ins Auge: „E-Mail an dich von Gott". Ich öffnete sie – und wurde starr vor Staunen, als ich las, was da stand:

Neue Kraft – Gott wird dich durchtragen

Gott kennt dich mit Namen und will von Herzen dein Bestes. Er wird mit dir sein und dich tragen, wenn du keine Kraft findest, es allein zu schaffen.

„Denn ich weiß wohl, was ich für Gedanken über euch habe, spricht der HERR: Gedanken des Friedens und nicht des Leides, dass ich euch gebe das Ende, des ihr wartet" (Jeremia 29,11; Luther).

Sie wusste, dass sie von Gottes Händen gestaltet wurde,
in seinem Herzen erträumt
und mit einem Sinn in diese Welt gesetzt.

Mir schien, Gott selbst hatte mir diese E-Mail geschickt, um mir zu sagen: Er würde mit mir sein. Ich brauchte Schwangerschaft und Neugeborenen-Phase nicht allein zu schaffen. Er würde mich sogar tragen, falls ich mich kraftlos fühlen würde wie in der Depressionsphase nach der letzten Geburt. Er hatte gute Pläne mit mir und meiner Familie, einschließlich dieser unerwarteten Schwangerschaft.

Zudem machte mir der Text deutlich, dass dieses Kind weder Zufall noch ein „Verhütungsunfall" war, sondern von Gott geliebt, geplant, gewollt, geformt und mit guten Absichten in diese Welt und in unsere Familie gesetzt. Mit einem Schmunzeln dachte ich: *Wer weiß, ob sogar das Geschlecht des Kindes in dieser „E-Mail von Gott" stimmt und es ein Mädchen ist …*

Dieser Text war für mich in den folgenden Wochen und Monaten ein Rettungsanker, wenn ich Angst und Zweifel hinsichtlich der Zukunft mit Baby hatte.

Im Laufe der nächsten Zeit wurde mir bewusst, dass meine Panik weniger mit der Schwangerschaft zu tun hatte als vielmehr mit der Depression nach dem letzten Kind. Also suchte ich mir seelsorgerliche Unterstützung, mit der ich meine dunklen Gefühle des Verlassenseins und Versagens von damals aufarbeitete und an Gott abgab. Ebenso musste ich manchen Menschen, die mich meiner Meinung nach zu wenig unterstützt hatten, bewusst vergeben. Das kostete mich einiges an Kraft, aber innerlich befreite es mich sehr.

Mir wurde klar, dass ich lernen musste, Hilfe anzunehmen. Statt Stolz und Erfolg übte ich nun Demut und Bitten – und entdeckte ganz neu den Wert von Freundschaft und Zusammenhalt in der Gemeinde sowie den Segen, den empfangende Hände bedeuten können.

Aufgrund der Ultraschallbilder erwarteten wir einen Jungen. Wie erstaunt waren wir und die Ärzte, als sich kurz vor der Geburt herausstellte, dass ich doch ein Mädchen unter meinem Herzen trug! Es passte perfekt zu den Versen in der E-Mail …

Nach der Geburt wurden wir vier Wochen lang täglich von Freunden aus der Gemeinde bekocht, sodass ich mich im

Wochenbett erholen konnte. Außerdem kam eine mir bis dahin unbekannte Frau aus einer Nachbargemeinde mehrmals wöchentlich zu uns, um mir unentgeltlich mit den Kindern zu helfen. Obendrein fand ich eine internationale Müttergruppe, die mir seelisch und praktisch beistand. Unser Nesthäkchen ist ein pflegeleichtes, fröhliches Baby, das es mir mit seinem Strahlen leicht macht, es zu lieben. Unsere beiden Großen sind begeisterte Geschwister und eine tatkräftige Hilfe. Alles in allem hatte die Depression bei so viel Hilfe und Liebe von allen Seiten keine Chance zurückzukehren.

Ja, es ist wirklich wahr: Gott hat gute Pläne mit uns, selbst wenn wir diese in schweren Momenten nicht erkennen. Er schenkt uns eine hoffnungsvolle, erfüllte Zukunft.

Gabriele Berger-Faragó ist evangelische Theologin in Heidelberg.

Gott hat den besten Plan für mich!

Jaqueline Ammer

Vor etwa einem Jahr beschäftigte ich mich intensiv mit dem Thema „Gebet“ und verbrachte viel Zeit im Gespräch mit Gott. Damals hatte ich einen festen Freund und wartete darauf, dass dieser in einem halben Jahr sein Studium abschließen würde, um mich dann zu fragen, ob ich seine Frau werden möchte. Für mich stand fest: Er war der Mann, den ich heiraten wollte!

Doch ganz unerwartet geschah genau das Gegenteil. Mein Freund gestand mir, dass ich nicht die Frau seines Lebens sei. Für mich brach eine Welt von Träumen und Wünschen zusammen. Ich verstand nicht, warum Gott dies zuließ.

In meiner Verzweiflung über den Verlust einer geliebten Person wusste ich keinen anderen Weg, als mich an Gott festzuhalten. Wohin sonst hätte ich mich wenden sollen? Ich hatte Angst, allein zu sein. So wandte ich mich mit Tränen im Gebet an Gott und sagte ihm alles, was mich bewegte: dass ich zwar nicht verstünde, was passiert sei, dass ich ihm aber von ganzem Herzen vertrauen wolle.

In der Bibel steht: „Das eine aber wissen wir: Wer Gott liebt, dem dient alles, was geschieht, zum Guten“ (Römer 8,28a; Hoffnung für alle). Das wollte ich glauben – auch wenn es wehtat und bedeutete, dass mein Traum von Hochzeit und Familie vorerst nicht in Erfüllung gehen würde.

Und Gott ließ mich nicht allein: Meine Freundinnen und meine Familie trösteten mich und waren für mich da.

Mit der Zeit bekam ich einen tiefen Frieden über diesen Lebensbereich und spürte Gottes Liebe und Nähe. Mir wurde bewusst, dass Gott mich nie alleinlassen wird und immer zu mir steht. Er liebt mich bedingungslos. Ihm kann ich alles anvertrauen, weil er mir immer treu bleibt. Das hat er versprochen.

Gott schenkte mir wieder Freude und Spaß. Worte in Predigten im Sonntagsgottesdienst oder Verse aus der Bibel, die in meine Situation passten, ermutigten mich und bauten mich auf.

Silvester feierte ich nicht, wie zuvor geplant, mit meinem Freund. Stattdessen lud mein Bruder mich ein, den Abend mit ihm und einigen jungen Erwachsenen aus seiner Gemeinde zu verbringen.

Bei den Vorbereitungen für das gemeinsame Abendessen schnitt ich mit einer sehr lieben Frau in der Küche das Fleisch. Wir verstanden uns auf Anhieb und hatten viel Spaß miteinander. Damals wusste ich noch nicht, dass Gott daraus eine wunderbare Freundschaft entstehen lassen würde. Meine Freundin ist ein Geschenk Gottes, und wir genießen es, gemeinsam zu beten und in der Bibel zu lesen. Wir gehen gerne laufen, lachen über dieselben Dinge und können über alles reden.

Aber Gott hatte noch etwas Größeres mit mir vor. Eines Abends saß ich mit meiner Mama in der Küche und sie fragte mich: „Jetzt, wo du wieder allein bist, hast du dir schon einmal überlegt, ob du eine Bibelschule besuchen möchtest?“ Meine erste Reaktion war: *Nein! Ich habe eine sichere Arbeitsstelle und die will ich nicht aufgeben. Außerdem will ich jetzt lieber eine kleine Wohnung für mich finden und von zu Hause ausziehen.*

Doch der Gedanke an die Bibelschule ließ mir während der nächsten zwei Monate keine Ruhe mehr. Beim Lesen in der Bibel stieß ich auf Psalm 25,4: „Herr, zeige mir, welchen Weg ich einschlagen soll, und lass mich erkennen, was du von mir willst!" Das war mein Gebet: Gott sollte mir zeigen, wo mein Weg hinführen sollte.

In den Semesterferien hatte ich Urlaub, den ich eigentlich mit meinem Freund hatte verbringen wollen. Nun wusste ich nicht, was ich in dieser Woche anfangen sollte, doch Gott hatte schon einen Plan …

Das christliche Zentrum Schloss Klaus bot genau in dieser Zeit eine „Freizeit-Minibibelschule" an. Ich fragte einige Freundinnen, ob sie mitfahren würden, weil ich nicht allein fahren wollte. Doch entweder hatten sie keine Zeit oder bekamen keinen Urlaub. Allein wollte ich aber nicht fahren. Also plante ich eine gemütliche Woche zu Hause und versuchte, den Gedanken an die Freizeit zu verdrängen. Vergebens. Er kam immer wieder. Und so sagte ich zu Gott: „Ich schreibe eine E-Mail an Schloss Klaus. Wenn sie noch ein Einzelzimmer haben, melde ich mich an." Insgeheim glaubte ich, dass diese Freizeit schon sehr ausgebucht sein und es kein Zimmer mehr für mich geben würde. Einen Tag später bekam ich folgende Antwort: „Liebe Jaqueline! Danke für deine Anfrage, wir haben noch ein Einzelzimmer für dich frei und bestätigen hiermit deine Anmeldung."

Ich war platt. Also wagte ich es und nahm an der Freizeit teil. In dieser Woche lernte ich liebe Menschen kennen, mit denen ich mich gut verstand. Ich fühlte mich nicht allein und hatte Freude daran, Gottes Wort zu studieren.

Zu Hause dachte ich erneut darüber nach, ob ich mir eine Bibelschulausbildung für ein halbes Jahr vorstellen könnte – und wieder kam ein Nein von meiner Seite. Doch Gott ließ nicht locker und legte mir die Gedanken daran immer wieder aufs Herz. Ich konnte sie nicht verdrängen. Also setzte ich mich hin und schrieb eine Pro-und-Kontra-Liste. Mir fiel nichts Wichtiges ein, warum ich nicht gehen sollte. Auf der anderen Seite fielen mir einige gute Gründe ein, die dafürsprachen.

„Gott", sagte ich, „wenn es wirklich dein Plan für mich ist, dass ich die Bibelschule besuche, dann nimm mir meine Angst davor, mein Zuhause zu verlassen, und hilf mir, mich auf Neues einzustellen."

Kurz darauf kam eine Gruppe von Bibelschülern in unsere Gemeinde, um in den Jungscharstunden, im Jugendkreis und im Gottesdienst mitzuhelfen. In einem Gespräch mit einer Frau aus dem Team konnte ich alle meine offenen Fragen loswerden.

An diesem Abend hatte ich zum ersten Mal das Gefühl, dass dies wirklich Gottes Plan für mich sein könnte. Auch Freunde von mir meinten, dass mir so eine Auszeit mit Gott guttun würde. Also entschloss ich mich, im Vertrauen auf Gott diesen Schritt zu gehen.

Ich kündigte meine Arbeitsstelle und konnte mit einigen Kollegen noch gute Gespräche über den Glauben führen. Sie wollten wissen, was ich jetzt vorhatte, und ich erzählte ihnen von meinem Glauben und meinen Plänen. Eine Arbeitskollegin fragte, ob ich jetzt „so etwas wie eine Nonne" werden würde! Ich spürte, dass Gott mit dabei war und mir die richtigen Worte schenkte.

Im Nachhinein weiß ich, dass Gott mir damals mein

Gebetsleben so wichtig werden ließ, damit ich auch in schwierigen Zeiten an ihm festhalte. Er hat dies alles zugelassen, weil er Gutes mit mir vorhatte. Einiges durfte ich schon sehen: Er schenkte mir eine neue Freundin, schickte mich auf die Freizeitbibelschule und jetzt sogar auf die Bibelschule.

Ich durfte lernen, dass ich Gott die Führung in meinem Leben überlassen soll, denn er hat den besten Plan für mich. In seinem Wort steht: „Vertrau dich dem Herrn an und sorge dich nicht um deine Zukunft! Überlass sie Gott, er wird es richtig machen“ (Psalm 37,5; Hoffnung für alle).

Jaqueline Ammer ist Fachsozialbetreuerin für Altenarbeit und lebt in Hörsching in Oberösterreich.

Er lässt uns nicht allein

Beate Baur

Ich saß auf einer kleinen Anhöhe und betrachtete den Hof, der bis vor Kurzem noch uns gehört hatte. Die Frühlingssonne schien warm vom blauen Himmel. Vorfreude und Wehmut mischten sich in meinem Herzen. Bald schon würden wir – mein Mann Tobias, unsere beiden Kinder und ich – dies alles hinter uns lassen und nach Deutschland zurückkehren.

Sieben Jahre zuvor hatten wir unseren Traum verwirklicht und einen Bauernhof in der Provence gekauft, um uns selbst zu versorgen. Doch aus dem Traum war nach und nach ein Albtraum geworden. Wir versanken in der Arbeit und konnten uns finanziell nur mühsam über Wasser halten. Wir vernachlässigten unser geistliches Leben mehr und mehr, bis es schließlich verkümmert war. Für Gemeinschaft mit anderen Christen meinten wir weder Zeit noch Kraft zu haben. Auch unser Gebetsleben war fast zum Stillstand gekommen. Schließlich gipfelte das Ganze in einer Ehekrise. Wir waren am Ende.

Zuerst versuchten wir, uns aus eigener Kraft aus dem Sumpf zu ziehen, hatten dabei aber das Gefühl, nur noch tiefer zu versinken. Schließlich beschlossen wir, uns eine christliche Gemeinde zu suchen. Ein Ältester, dem wir uns anvertrauten, riet uns, jeden Tag gemeinsam in der Bibel zu lesen und zu beten. Jeden Sonntag ermutigte er uns dranzubleiben. Wir befolgten seinen Rat und lernten Gott ganz neu kennen. Bis dahin war er uns oft hart und unbarmherzig vorgekommen – wie jemand, der nur darauf wartet, dass wir etwas falsch machen, um uns dann zu bestrafen. Doch jetzt merkten wir durch unser tägliches Bibellesen, dass Gott ganz anders war. Wir entdeckten einen gnädigen, barmherzigen Gott, der uns liebt und gerne bereit ist, uns die Schuld zu vergeben. Nach und nach fanden wir auch auf der privaten Ebene wieder zueinander und lernten uns neu zu lieben und anzunehmen. Das Leben wurde wieder schön.

Allerdings stand jetzt die Frage im Raum, wie es weitergehen sollte. Was war Gottes Wille? Waren wir an dem Platz, an dem er uns haben wollte?

Während einer intensiven Zeit des Fastens und des Gebets zog sich mein Mann Tobias in unseren Wohnwagen zurück, um Gott um Weisung zu bitten. Zeitgleich räumte ich unser Büro auf. Dabei fiel mir auf, dass eine Maus ein paar Blätter in einem verstaubten Hängeregister angenagt hatte. Ich zog die Blätter heraus und begann sie durchzuschauen. Dabei fiel mein Blick auf einen Zettel, den ich längst vergessen hatte: Kurz nach unserer Hochzeit hatte jemand einen Eindruck von Gott für uns gehabt. Diese Worte hatte ich damals aufgeschrieben. Ich las die Zeilen durch. Das war die Antwort auf unsere Fragen der vergangenen Wochen! Hier stand, dass Gott uns in eine hügelige deutsche Gegend verpflanzen wollte. Wir sollten nicht ins Ausland gehen und nicht in die Alpen.

Ich ging zu meinem Mann in den Wohnwagen und zeigte ihm meinen Fund. „Schau mal, was da steht! Nicht ins Ausland! Nicht in die Alpen! Und wo sind wir? In Frankreich, in den Ausläufern der Alpen. Stattdessen sollen wir nach Deutschland gehen."

Es konnte kein Zufall sein, dass ich ausgerechnet in dieser Stunde, in der mein Mann im Wohnwagen Gott um Weisung anflehte, dieses angenagte Stück Papier gefunden hatte. Eigentlich hatte nicht ich es gefunden, sondern die Maus! Doch was sollten wir in Deutschland tun? Mein Mann hatte nach seinem Betriebswirtschaftsstudium nur zwei Jahre in seinem Beruf gearbeitet und sich seitdem um Schafe und Bienen gekümmert.

„Jesus, wenn du willst, dass wir nach Deutschland zurückkehren, dann brauchen wir eine Arbeitsstelle“, war unser Gebet.

Kurz darauf fuhr mein Mann nach München auf eine Computermesse, um an einigen Messeständen persönlich eine Kurzbewerbung abzugeben. Nach zwei Wochen erhielten wir einen Anruf, verbunden mit einer Einladung zu einem Vorstellungsgespräch.

„Es tut mir leid, aber ich kann momentan nicht zu Ihnen kommen, da meine Frau hochschwanger ist und ich sie nicht längere Zeit allein lassen möchte“, entgegnete mein Mann.

„Das macht nichts. Dann kommen Sie eben, wenn Sie Zeit haben“, lautete die Antwort.

Einen Monat später erblickte unser zweites Kind das Licht der Welt und nach weiteren vier Wochen fand das Bewerbungsgespräch statt. Über Nacht fuhr Tobias wieder zurück. Bereits am nächsten Tag erhielten wir eine E-Mail von der Firma mit der Nachricht, dass man Tobias einstellen wollte. Wir saßen vor dem Computer und wussten nicht, ob wir lachen oder weinen sollten. Dass Gott so schnell handeln würde, damit hatten wir nicht gerechnet!

Doch aus der Zusage ergab sich ein neues Problem: Wir hatten nur noch zweieinhalb Monate Zeit, um unsere Zelte in der Provence abzubrechen und in Deutschland aufzuschlagen – in einer Gegend, die uns völlig fremd war. Was sollten wir mit unseren Milchschafen, Kaninchen, Hennen, Hunden, Katzen, Eseln und nicht zuletzt unseren 120 Bienenvölkern anfangen?

Einen Tag später rief uns ein befreundeter Imker aus dem Nachbarort an, ob wir Interesse an einer Kooperation hätten. Wir luden ihn ein, am nächsten Tag zu uns zu kommen. Dann erzählten wir ihm von unserem Vorhaben, nach Deutschland zurückzugehen, und boten ihm unsere Bienenvölker und die dazugehörenden Gerätschaften an. Er kaufte alles!

Unsere kleine Schafherde bestand aus deutschen und französischen Milchschafen und deren Kreuzungen. So eine Mischung ist normalerweise schwer zu verkaufen. Doch dann begann es zu schneien – mitten im März in der Provence – und hörte nicht mehr auf. Das erste Mal in sieben Jahren gab es sechzig Zentimeter Schnee. Der Schneepflug räumte die Straße bis zu unserem Haus frei. Die dahinterliegenden Gehöfte blieben eingeschneit. Eines Tages hielt ein Auto vor unserem Haus, und der Fahrer erkundigte sich, wie er zu unserem Nachbarn käme.

„Da können Sie nicht hin. Der ist eingeschneit", entgegnete ich ihm. „Was wollen Sie denn von ihm?"

„Ich will Schafe kaufen", lautete die Antwort.

„Wir haben auch Schafe zu verkaufen. Wollen Sie sich die Schafe einmal ansehen?", bot ich ihm an. Eine Stunde später waren alle Schafe verkauft.

Auch für unseren Hof brauchten wir keinen Makler. Ein Bekannter bot uns an, sich darum zu kümmern, als er von unserem Vorhaben hörte. Nachdem er verschiedene Interessenten zu einer Besichtigung zu uns gebracht hatte, gefiel ihm unser Anwesen so gut, dass er es selbst kaufte.

Und jetzt saß ich da, auf dieser Anhöhe, und ließ die vergangenen Wochen vor meinem inneren Auge Revue passieren. Wir hatten nicht nur alles innerhalb kürzester Zeit verkauft, ohne auch nur eine einzige Anzeige zu schalten, sondern wir hatten auch eine sehr schöne, geräumige Wohnung in der Nähe von Tobias' neuer Arbeitsstelle mieten können. In vier Tagen würde er dort anfangen. Ich sollte dann zwei Wochen später mit den Kindern nachkommen.

Ich konnte es kaum fassen: Wir hatten uns über Gottes Warnung, ins Ausland zu gehen, hinweggesetzt und waren in die Provence gezogen. Die Zeit war nicht leicht gewesen und wir mussten durch viele Krisen gehen. Aber Gott ließ uns nicht allein und war immer bei uns, auch wenn uns das nicht immer bewusst war. Er nahm uns an der Hand und führte uns wieder zurück.

Beate Baur ist Hausfrau und inzwischen Mutter von vier Kindern.

Schlaflos

Nadine Häfliger

Licht durchflutet unser Schlafzimmer. Voller Glück betrachte ich unseren Sohn Lean Noah und bin tief berührt, dass Gott uns dieses kleine Bündel anvertraut hat. Ich bin noch immer überwältigt vom Wunder der Geburt. Ich befinde mich in einem Hormonrausch und kann mir nicht vorstellen, dass das Leben jemals wieder schwierig werden könnte. Wie falsch ich damit liege, weiß ich zu diesem Zeitpunkt noch nicht. Ich befinde mich in dieser Schutzzone, umgeben von Licht, Sonne und Frühlingswärme, und kann mir keinen schöneren Ort vorstellen.

Irgendwann realisiere ich, dass ich nach den Unterbrechungen in der Nacht nicht mehr einschlafen kann. Aber ich strotze vor Kraft und Energie. So liege ich einfach wach da und vertraue darauf, dass mein Körper auch auf diese Weise Erholung findet.

Diese Erfahrung wiederholt sich. Ich schlafe nachts nur noch wenig. Die Tage fülle ich mit Besuchen, Garten- und Hausarbeiten. Ich versuche, immer aktiv zu sein, um die immense Müdigkeit weniger zu spüren.

Als Lcan drci Monatc alt ist, muss ich mir jedoch eingestehen, dass mein Schlaf aus den Fugen geraten ist. Oft liege ich am Abend im Bett und kann vor lauter Müdigkeit nicht einschlafen. Dann kommt die Angst, dass ich sowieso gleich wieder aufgeweckt werde. Irgendwann werde ich mir bewusst, dass ich in einer Woche so viel schlafe wie vorher in einer

Nacht. Ich gehe ins Bett, und mein Herz rast vor Panik, dass ich jetzt schlafen soll, aber nicht mehr weiß, wie das geht. So verbringe ich meine Nächte vorwiegend allein im Wohnzimmer, lesend, betend, weinend, schreiend. Die Einsamkeit ist bedrohlich und verschlingt mich regelrecht. Niemand, auch nicht mein Mann, kann mich in dieser Not erreichen.

Was mir hilft, ist das Zwiegespräch mit Gott. Meine Gedanken kreisen so sehr, dass ich ein Tagebuch beginne und meine Dialoge mit Gott schriftlich führe. „Ich habe Angst!", steht vermutlich auf jeder einzelnen Seite. Angst vor dem Zusammenbruch; Angst vor Kontrollverlust; Angst, nicht mehr für meine Kinder da sein zu können; Angst, wahnsinnig zu werden; Angst, dass mein Leben nie mehr normal sein wird.

In diesen Gesprächen höre ich von Gott über Monate meist nur: „Ich bin da, fürchte dich nicht." Gottes Gegenwart ist spürbar. Es ist, als ob er mich in diesen Nächten ganz nah an sein Herz zieht und mich wie ein Kind in seinen Armen wiegt. Er spricht sehr sanft zu mir, und es erstaunt mich, wie gut er mich kennt. Irgendwann kommt mein Inneres zur Ruhe und ich kann ein paar Stunden schlafen.

Als Lean fünf Monate alt ist, kann mein Mann nicht länger zuschauen und bringt mich zu einer Ärztin. Dort bekomme ich medikamentöse Hilfe. Außerdem komme ich auf die Warteliste für die Mutter-Kind-Station. Dies ist der Tiefpunkt meiner Geschichte.

Regen prasselt aufs Autodach, und genauso fließen bei mir die Tränen, nachdem ich mir die Mutter-Kind-Station angesehen habe. Ich wünsche mir, nie dorthin zu müssen. Da wir keine familiäre Unterstützung haben, erdrückt mich die Sorge, wer sich um meine Kinder kümmern wird, wenn ich es nicht mehr kann. Ich halte kurz beim Supermarkt, mehr, um mich abzulenken, als um etwas Konkretes einzukaufen. Dort treffe ich eine Bekannte, die mir Hilfe anbietet. Ich verlasse das Geschäft mit ihrer Telefonnummer, dem Angebot, meine Kinder einmal pro Woche zu betreuen, und einer Ahnung, dass Gott meine Nöte sehr ernst nimmt.

Wenig später lerne ich eine wundervolle Frau kennen, die dasselbe erlebt hat wie ich. Sie weiß ohne viele Worte, was ich durchmache, nimmt mich liebevoll an die Hand und begleitet mich durch dieses dunkle Tal.

In dieser Zeit schenkt mir Gott das Bild von einem Tunnel, an dessen Ende ich ein Licht sehe. Obwohl ich immer noch mitten im Dunkel stecke, halte ich mich an dieser Verheißung fest. Es gibt ein Ende und es ist schon sichtbar. Schritt für Schritt, begleitet von Gott, meinem Mann, Freunden und Ärzten, gehe ich vorwärts. Gott ist da, Tag für Tag, wie er es versprochen hat.

Meine nächtlichen Dialoge mit ihm verlagern sich langsam auf den Abend oder den Tag. Es kehrt Ruhe ein. Ich bin dankbar für jede Nacht, in der ich schlafen kann, denn Schlaf ist für mich keine Selbstverständlichkeit mehr. Mein Mann kümmert sich hingebungsvoll um Lean und übernimmt die Nächte. Ich bin nie auf die Mutter-Kind-Station gekommen, wofür ich sehr dankbar bin.

Monate später erinnert mich meine Gebetspartnerin daran, was mein letztes Anliegen vor der Geburt war. Ich wünschte mir damals ein Bewusstsein für Gottes Gegenwart in meinem Alltag. Gott hat mein Gebet erhört – aber zu welchem Preis!

Heute ist Lean sechzehn Monate alt und unser Familienleben hat sich weitgehend normalisiert. Der Schlaf ist immer noch mein wunder Punkt und gibt mir Rückmeldung über meine Energiereserven.

Rückblickend kann ich sagen: Gott war immer da. Das Licht am Ende des Tunnels wurde größer und strahlender. Gott hat mich in diesem Dunkel an sein Herz gezogen und mich dort seine Stimme hören und verstehen lassen wie nie zuvor. Er hat mir verborgene Schätze und versteckte Reichtümer gezeigt, wie es in der Bibel heißt: „Die verborgenen Schätze und die versteckten Reichtümer gebe ich dir. Daran sollst du erkennen, dass ich der Herr bin" (Jesaja 45,3; Hoffnung für alle).

Meine Dialoge mit Gott führe ich immer noch gerne schriftlich. So verlangsamen sich meine Gedanken und ich kann ihn besser hören. Ich möchte diesen Platz nahe am Herzen Gottes nicht mehr verlassen. Zu kostbar ist er geworden, und ich kann von Herzen sagen: Dort zur Ruhe gekommen zu sein ist das Beste, was mir je geschehen ist.

Nadine Häfliger ist Oberstufenlehrerin.

Reich beschenkt

Anne-Katrin Hach

„Wussten Sie es nicht?“, fragt mich die Hebamme, als sie den Schock im Gesicht meines Mannes und meiner Schwiegermutter sieht. Beide starren auf das neugeborene Kind. Ich sehe die linke, nach oben gestreckte Hand des Babys und denke: *Streck doch deine Fingerchen aus!* Es sind nur ein Daumen, ein Zeigefinger und ein kleiner Finger zu sehen. Dann hebe ich vorsichtig meinen Kopf. Vor mir liegt ein weinendes, wunderschönes Mädchen, dem nicht nur zwei Finger fehlen, sondern auch die rechte Hand. Der Unterarm ist unterentwickelt und fest gebeugt mit einem kleinen Daumen an der Spitze. Das rechte Bein ist verkürzt und der Fuß nach innen gedreht.

Die Hebamme durchbricht das Schweigen und sieht mich an: „Möchten Sie sie haben?“ Was hat sie da gefragt? Aber natürlich, das ist doch mein Kind, mein lang ersehntes Kind! Vorsichtig legt sie mir unsere kleine Dorothee auf den Bauch. Dorothee – der Name stand bereits vor der Geburt fest, denn er gefällt uns und bedeutet „Geschenk Gottes“. Ja, das ist sie wirklich!

Wie lange hatte ich darauf gewartet, schwanger zu werden! Täglich hatte ich Gott diesen Herzenswunsch mitgeteilt und ihn gebeten zu handeln. Gibt Jesus uns auch heute noch Antwort, wenn wir ihn von Herzen suchen? Ja, er tut es. Beim Lesen von Psalm 113 durchfuhr es mich eines Tages, und ich wusste mit unbeschreiblicher Gewissheit, dass Gott zu mir geredet hatte:

„Der unfruchtbaren Frau schenkt er Kinder“ (Psalm 113,9; Neues Leben). Was sich hinter dieser Verheißung verbarg, konnte ich zum damaligen Zeitpunkt jedoch nicht ahnen.

Mit Dorothee hatte Gott uns ein besonderes Kind anvertraut und die Freude über dieses Geschenk war größer als die Frage nach dem Warum. Von einem Humangenetiker war unsere Tochter als „Laune der Natur“ bezeichnet worden, für uns ist sie wie jeder Mensch ein wundervolles, geliebtes Geschöpf Gottes. Und als solches kann sie sich auch selbst annehmen: „So wie ich bin, bin ich für mich normal.“

Mit ihren mittlerweile zwölf Jahren wirkt sie sehr selbstbewusst. Gott hat sie vor Spott bewahrt und ihr einen starken Charakter geschenkt, der die körperlichen Defizite regelrecht in den Schatten stellt. Am rechten Bein trägt sie eine Orthoprothese, wodurch sie so manchen verwunderten Blick auf sich zieht, doch davon lässt sie sich nicht aus der Ruhe bringen. Die Haltung, die sie zu sich selbst hat, strahlt sie aus, und dies überträgt sich auf ihr Umfeld. In dem allen sehen wir Gottes Gnade.

Nach Dorothee wurde ich nicht wieder schwanger. Eine Untersuchung brachte Klarheit. „Sie können zu 99,9 Prozent keine eigenen Kinder bekommen, Ihre Eierstöcke sind auf beiden Seiten dicht“, so die ernüchternden Worte des Arztes. *Wenn Gott mir eine solche Verheißung gibt und dann den Leib verschließt, muss er einen anderen Plan haben,* dachte ich, *einen, der höher ist als meine Gedanken.*

Vier Jahre nach Dorothees Geburt ereignete sich etwas, das unsere Familie verändern sollte. Wir verbrachten gerade den Sommerurlaub mit meinen Eltern am Meer, als mein Mann am Strand sitzend tief im Herzen Gottes Reden vernahm: „Ich möchte, dass ihr den Segen weitergebt, den ihr von mir empfangt, und Kinder aufnehmt." Wenn Jesus uns einen Weg aufzeigt, haben wir die Freiheit zu entscheiden; er zwingt uns nicht. Aber aus Liebe zu ihm möchte ich seine Wege gehen. Er hat sein Leben für mich gelassen, wie könnte ich ihm da nicht meines geben?

Aus dem Urlaub zurück, meldeten wir uns beim Jugendamt. Nachdem die Unterlagen eingereicht waren und die zuständige Mitarbeiterin uns besucht hatte, hieß es: „Jetzt kann jederzeit ein Anruf kommen." Ein Jahr später, wir waren wieder im Sommerurlaub, klingelte an einem Dienstag mein Handy: „Hallo, wir haben jetzt einen kleinen Jungen, zwei Monate alt, der noch diese Woche in eine Familie muss. Sie haben zwei Tage Zeit, sich zu entscheiden." Wir reisten am folgenden Tag ab und konnten den Jungen am Donnerstag mit zu uns nach Hause nehmen.

Zwei Jahre später meldete sich das Jugendamt erneut: „Wir haben einen fünf Monate alten Jungen, der am besten noch heute in eine Familie soll." Der Anruf kam um zwölf Uhr mittags, um 16 Uhr standen zwei Personen mit einem Babyautositz in der Hand vor unserer Eingangstür. „Heute bekommst du noch einen Bruder", hatte ich zu meiner Tochter gesagt, als ich sie von der Schule abholte. Diese konnte ihre Freude kaum fassen und ist auch heute noch stolze Schwester von zwei Brüdern. Zeitweise hatten wir ein weiteres Kind zur Kurzzeitpflege in unserer Familie, das jedoch nach sieben Monaten wieder zu seiner Mutter zurückgehen konnte. Da Gott keine Fehler macht, gehört auch das zu seinem Weg, darin sind wir gewiss. Heute sind wir eine Familie mit drei wundervollen, einzigartigen Kindern.

Kann in unserem Leben scheinbar Unmögliches möglich werden, wenn wir Gott beim Wort nehmen? Vielleicht möchte er zuerst unseren Glauben sehen, bevor er handelt, damit am Ende ihm alle Ehre zukommt? Vor drei Jahren schien sich für uns eine weitere Tür zu öffnen: eine Arbeit mit Kindern in Peru. Mehr als 570 000 Waisenkinder streifen schutzlos durch die Straßen des Landes. Doch wie sollte dieser Weg möglich sein? Mein Mann ist beruflich stark an seine Firma gebunden und trägt Verantwortung, Dorothee steht kurz vor der Pubertät, wir haben zwei Pflegekinder, die (noch) nicht adoptiert sind. Die Umstände sprechen absolut dagegen, ganz zu schweigen davon, dass mein Mann deutlich sagte: „Wenn ich nach Peru gehen soll, muss mich schon ein Wal dort ausspucken." Doch was sind Umstände für den allmächtigen Gott?

Nach zwei Jahren des Gebets flogen wir nach Peru und lernten eine Frau kennen, deren Geschichte das Herz meines

Mannes berührte. Sie setzt sich stark für benachteiligte Kinder in der Region Curahuasi ein. Sie gibt ihnen ein Zuhause, in dem sie die Liebe Jesu kennenlernen können. Derzeit plant sie den Bau eines Kinderheims. Dafür benötigt sie dringend Mitarbeiter und finanzielle Unterstützung.

Zurück in Deutschland, begannen wir damit, diese Arbeit in Gemeinden bekannt zu machen und zu tun, was uns von hier aus möglich war. Durch Gottes Führung konnten wir gegenüber dem Kinderheim mit dem Bau eines Hauses beginnen, das Missionaren Wohnraum bieten soll. Für mich ist es ein Wunder, dass das Herz meines Mannes heute für die Kinder in Peru schlägt und auch er bereit ist, sich in die Mission senden zu lassen. Sobald Gott die Umstände geklärt hat und wir als Familie gehen können, werden wir uns auf den Weg machen, um Kindern in Peru ein Zuhause zu geben.

„Mutter vieler Kinder" – eine Verheißung, die mich begleitet. Das Leben mit Jesus ist spannend und nicht zu planen. Ihm mein Leben zu geben war die beste Entscheidung, die ich jemals treffen konnte. Sagt man nicht, das Leben schreibe die schönsten Geschichten? Ich denke, Jesus schreibt am schönsten.

Anne-Katrin Hach ist Realschullehrerin und Mama für drei Kinder.

Regenbogen

Wenn der Bogen deiner Treue am Himmel aufleuchtet
und sich spannt von dir zu mir,
aus deiner Herrlichkeit in meine Welt,
dann stehe ich staunend vor dem Unfassbaren,
dass du, ewiger Gott,
die Verbindung suchst zu mir,
dass du mich wert achtest,
in meiner Begrenztheit dein Gegenüber zu sein,
ja, mehr noch, dein Bündnispartner,
an dem du trotz meines Versagens festhältst.

Das ist größer, als mein Herz es begreifen kann,
und anders als alles,
was mir in meiner Wirklichkeit begegnet.
Danke für jedes Mal,
wenn du deinen Bogen an den Himmel malst,
um mich daran zu erinnern,
dass du mir die Treue hältst.

A. Brickey

Kapitel 3

WENN GOTT MICH ÜBERRASCHT

Von Gott angestupst

Hanne Häuser

Jeden Tag ging die junge Frau mit ihrem Kinderwagen an unserem Haus vorbei. Mir fiel ein, dass ich sie vom Supermarkt kannte; dort hatte sie an der Kasse gearbeitet. Allerdings war sie mir als eine fröhliche Frau in Erinnerung. Doch während sie jetzt den Kinderwagen schob, wirkte ihre ganze Haltung müde, traurig und hoffnungslos. Tiefes Mitleid stieg in mir hoch, wenn ich sie vorbeigehen sah.

Ich hatte den Eindruck, als würde Gott zu mir sagen: „Sprich diese junge Frau an."

„Aber, Gott, ich kann doch nicht einfach eine fremde Frau ansprechen! Was soll sie von mir denken? Was soll ich denn sagen?", argumentierte ich. Doch egal, was ich für Ausreden vorbrachte, der Eindruck blieb. Ich entschied mich, Gottes Reden ernst zu nehmen und zu gehorchen.

Nachdem ich wochenlang den Auftrag vor mir hergeschoben hatte, kam ein Moment, der mir günstig schien. Ich arbeitete gerade im Vorgarten, als sie wieder mit ihrem Baby vorbeikam. Also legte ich meine Gartenschere hin, ging zu ihr und stellte mich vor. „Guten Tag! Sie kommen immer an unserem Haus vorbei, da wollte ich Sie einfach mal begrüßen. Darf ich mir das Baby anschauen?"

Sie sah mich traurig an. „Ja, natürlich. Er ist drei Monate alt. Dennis heißt er." Der Kleine war dick in eine Decke eingepackt. Ich betrachtete das kleine Gesicht. „Oh, dann ist er ja noch ziemlich frisch auf dieser Welt, der Süße! Haben Sie denn eine gute Geburt gehabt? So ein Ereignis ist ja schon faszinierend. Und wenn man dann beobachtet, wie sich so ein Menschlein von Tag zu Tag entwickelt, das ist gewaltig."

„Na ja", sagte sie zögernd. Aber dann brach es aus ihr hervor: „Allein ist es nicht einfach. Ich habe eine sehr schwere Zeit hinter mir. Aber ich habe es geschafft, mich von meinem Freund zu trennen. Jetzt bin ich mit meinem Kind hierhergezogen."

Das war der Anfang. Ihre Offenheit machte es leicht, ins Gespräch zu kommen. Beate erzählte, wie belastend es an der Seite ihres Exverlobten gewesen war. Er sei unberechenbar gewesen, habe getobt, sie unter Druck gesetzt, böse und verächtliche Dinge gesagt. Sie fand die Kraft, sich von ihm zu trennen, obwohl er sie massiv beschimpft und bedroht hatte.

Wir freundeten uns an. Doch in ihrem Gesicht las ich Misstrauen: *Hat die Freundschaft einen Haken? Wieso kümmerst du dich um mich?*

Aber ich blieb dran. Meine Hoffnung war, dass mein Verhalten sie offen macht für Jesus, dass sie ihm ihr Leben anvertraut und innerlich heil wird.

Eines Tages stand sie vor unserer Haustür und fragte sehr vorsichtig, ob ich ihr helfen könne. Sie wollte dringend Geld leihen. Ein paarmal half ich ihr aus, was mich insgeheim freute, konnte ich doch damit das verbreitete Klischee, Christsein höre beim Geld auf, widerlegen. Kurz vor dieser Begegnung hatte ich einiges über den notvollen Stand alleinerziehender Frauen gelesen, sodass ich ohne Vorbehalt half.

In der Adventszeit wollte sie dann für ein besonderes Anliegen einen Termin mit mir vereinbaren. Auf meine Frage, worum es ginge, deutete sie an, dass sie in Geldnot sei und es um mehr ginge als bisher. Ich fragte Gott: „Was soll ich tun? Wie viel wird sie brauchen? Soll ich ihr geben, was sie braucht?" Ich vereinbarte mit Gott einen Betrag, den ich ihr geben würde, falls sie so viel bräuchte.

Beate kam zum gemütlichen Adventskaffee. Sie traute sich kaum, das Thema anzusprechen. Dann erzählte sie mir den Grund ihrer Not und nannte genau den Betrag, den ich mit Gott vereinbart hatte. Ich schluckte, fragte noch einmal nach. Ich konnte es nicht glauben! „Ich habe schon hin und her überlegt, wie ich das aufbringen soll", sagte sie. „Ich sehe keine Möglichkeit. Es ist so peinlich."

„Weißt du", sagte ich zu ihr. „Nimm es an und danke Gott. Was ich habe, das habe ich von ihm. Es gehört nicht wirklich mir."

Ich selbst hatte gerade in den letzten Jahren unmissverständlich Gottes Freundlichkeit auch durch die Hilfe anderer erlebt und war aus tiefster Dunkelheit befreit worden. Ich verstand sie nur zu gut.

Zwei Tage vor Weihnachten sah ich sie im Vorbeifahren in unserer Nachbarschaft. Sie stand mit ihrem Kind auf dem

Bürgersteig, weinend, bei minus 18 Grad, in Gegenwart zweier Polizisten. Erschrocken hielt ich an und nahm sie in den Arm. „Was ist passiert?"

„Mein Exverlobter ist tot."

„Was?" Ich hatte nicht gewusst, dass er hier wohnte.

„Die Polizei untersucht noch. Wahrscheinlich Selbstmord", schluchzte sie. Da ich einen dringenden Termin hatte, fuhr ich weiter, versprach aber, später zu ihr in die Wohnung zu kommen.

Beate hatte panische Angst, mit ihrem Kind allein zu sein. Immer und immer wieder sah sie den Toten vor sich. Ich erfuhr, dass sie täglich bei ihm vorbeigegangen war und ihm sogar Essen gebracht hatte. Als er am Wochenende nicht auf ihre SMS reagiert hatte, forderte sie den Vermieter am Montag auf, die Wohnung zu öffnen. Sie fand ihn tot im Bett liegen.

„Was ist jetzt mit ihm? Ist er im Himmel? Was muss in ihm vorgegangen sein? Wieso bringt er sich um? Hab ich Schuld daran, weil ich am Samstag nicht bei ihm war?" Zitternd und voller Angst saß sie da in der sehr einfachen, unfertigen Küche. Ich fühlte mich hilflos und betete innerlich, Gott möge Trost und Hilfe in ihr Herz schicken und mir Worte für sie geben, die ihr guttäten. Wir tranken einen Tee nach dem anderen und redeten lange; sie hatte solche Angst vor der Nacht.

„Soll ich heute Nacht bei dir bleiben?", fragte ich sie.

„Ja, das wäre sehr lieb von dir! Ich werde bestimmt Albträume haben. Als mein Vater starb, war das auch so." Ich könne auf der Couch schlafen, schlug sie vor. Allerdings diente die Couch auch ihr als Bett. So lagen wir zusammen da, nachdem wir gebetet hatten, und bemühten uns um ein paar Stunden Schlaf.

Einige Nächte schlief ich bei ihr. Arzt und Polizei hatten zu Beates großer Erleichterung festgestellt, dass ihr Exverlobter an Herzversagen gestorben war und keinen Selbstmord begangen hatte. Trotzdem waren da die quälenden Fragen nach Himmel und Hölle, Gott und Erlösung, nach Heilung, Fluch und Segen – und nach Gewissheit.

Wir redeten, forschten in der Bibel und beteten. Ich spürte, sie würde Jesus bald in ihr Leben einladen. An einem Abend im Frühjahr nahm eine meiner Freundinnen sie mit zu einer Veranstaltung von „ProChrist". Als Beate zurückkam, konnte ich es kaum fassen. „Ich weiß es! Ich gehöre zu Gott!" Ihre leuchtenden Augen sagten mir alles.

Hanne Häuser arbeitet als Altenpflegerin.

Eine geführte Begegnung

Sandra Brezoianu

Seit einigen Wochen nahm ich dienstags an einem Hauskreis teil, zu dem ich eine weite Strecke zurücklegen musste. Ich hatte lange überlegt, ob ich die 50 Kilometer zweimal an einem

Abend fahren wollte, aber da ich so sehr das Bedürfnis hatte, mit anderen Menschen in der Bibel zu lesen und zu beten, nahm ich den Weg auf mich.

An einem Dienstagabend hatte ein bekannter Fußballspieler auf dieser Strecke einen schweren Unfall mit tödlichem Ausgang. Mir wurde heiß und kalt, als ich davon hörte. Gerade an diesem Abend war ich nicht zum Hauskreis gefahren.

Ich wollte der Witwe des Fußballspielers gerne ein Exemplar der Zeitschrift „Lydia" schenken. Doch ich hatte weder ihre Adresse noch eine andere Idee, wie ich ihr die Zeitschrift zukommen lassen könnte. Trotzdem legte ich alles bereit, um den Umschlag – wenn ich die Adresse dann hätte – abschicken zu können.

Am Donnerstagabend brachte ich meinen achtjährigen Sohn ins Bett. Wie jeden Abend beteten wir gemeinsam. Dabei dachten wir auch an die Frau des Fußballers. Selbst mein Sohn betete für die Witwe und ihr Kind.

Am Samstag war es mir ein Bedürfnis, am Unfallort vorbeizufahren, da wir sowieso in der Nähe waren. Mein Mann war davon nicht begeistert, bemühte sich aber, mich zu verstehen, und so fuhren wir gemeinsam los. Mir ging es an diesem Tag nicht besonders gut; meine Seele hatte viel zu tragen. Ich bat Gott, mir zu zeigen, dass er bei mir war und mich gebrauchen konnte.

Wir waren schon eine Weile unterwegs, als wir merkten, dass wir nicht richtig gefahren waren. Schnell stellte ich fest, dass wir uns im Heimatort des verunglückten Fußballspielers befanden. Bis jetzt kann ich nicht genau sagen, wie wir doch noch am Unfallort gelandet sind. Als wir ankamen, merkte ich es sofort, denn ich kannte die Unfallstelle aus den Medien, und viele Kerzen standen dort.

Wir wollten gerade wieder fahren, als wir buchstäblich von einem schwarzen Auto zugeparkt wurden. Überrascht sah ich, dass die Witwe des Verstorbenen ausstieg.

Ich traute meinen Augen nicht. Die Gedanken schossen in Sekundenschnelle durch meinen Kopf: *Ich wollte ihr die „Lydia" schicken, und hier ist sie – direkt vor Ort!* Da fiel mir ein, dass ich noch ein „Lydia"-Heft im Auto hatte. Ich hatte es an diesem Vormittag verschenken wollen, aber noch keine Gelegenheit dazu gehabt. Dieses Heft musste ich ihr unbedingt geben!

In einem Stoßgebet bat ich Gott: „Wenn es so sein soll, Gott, dann geh mit mir!" Ich sprang aus dem Auto und ging langsam auf sie zu. Ich wusste nicht, ob der Bodyguard mich überhaupt zu ihr lassen würde. Einen Moment lang beobachtete ich, wie sie die Briefe der Fans las. Ich bat Jesus, mir zu zeigen, ob es richtig sei, was ich im Begriff war zu tun. Da sah ich zum ersten Mal in meinem Leben ganz deutlich zwei Engel, die mir stärkend rechts und links zur Seite standen. Ich sagte: „Jesus, gib mir die richtigen Worte!"

Daraufhin ging ich zu der Frau und meinte: „Entschuldigen Sie bitte, wenn ich Sie hier störe, aber ich möchte Ihnen etwas schenken. Ich wollte es Ihnen schicken, aber ich habe Ihre Adresse nicht. Mein Sohn und ich haben für Sie und Ihr Kind gebetet. Es ist für mich ein Wunder, Sie hier zu treffen.

Ich habe selbst schon viel Leid in meinem Leben erfahren und möchte Ihnen sagen, dass das Einzige, was Ihnen jetzt helfen kann, der Glaube ist. Deswegen wünsche ich Ihnen viel Kraft und Gottes Segen." Ich strich ihr noch über den Arm und gab ihr die Zeitschrift. Sie schenkte mir ein freundliches Lächeln. Die Leute starrten mich an. Niemand sonst hatte es gewagt, sie anzusprechen.

Als ich wieder im Auto saß, sah ich, wie mein Mann mit den Tränen kämpfte. „So etwas kann man nicht planen!", sagte er immer wieder. Mir hat diese Erfahrung neue Kraft gegeben, zu erleben, was Gott alles vorbereiten kann.

Als wir zu Hause ankamen, nahm ich meine „Lydia" zur Hand und schaute nach, was ich da eigentlich verschenkt hatte. Mir wurde ganz heiß, als ich auf der Titelseite las: „Liebe das Leben" und „Vater der Weisen, Helfer der Witwen".

Ich kann es immer noch nicht fassen, aber Gott gehört mein ganzes Lob! Ich weiß nicht, was diese Frau empfindet und was sie aus der Begegnung und aus der Zeitschrift mitnimmt. Aber eines weiß ich: Ich bete weiterhin für sie. Dieses Erlebnis hat mir gezeigt, wie viel Liebe Gott für jeden Menschen hat. Er setzt alles in Bewegung, um eine einzelne Person mit seiner Liebe zu erreichen.

Sandra Brezoianu ist Kinderkrankenschwester.

Die himbeerfarbene Tasche

Andrea Wenk

Mein Alltag als dreifache Mutter ist oft herausfordernd, deshalb nehme ich mir ab und zu eine Auszeit. So traf ich mich eines Nachmittags mit meiner Freundin zum „Windowshopping". Das ist bekanntlich die preisgünstigste Variante einer Shoppingtour: Frau schaut nur, Frau kauft nicht. Als ich noch Single war bzw. mein Mann und ich keine Kinder hatten, kannte ich diese Variante noch nicht, aber seit unser Haushalt fünf Personen zählt, sieht das Budget ein bisschen anders aus.

Meistens gelingt es mir auch, nur zu schauen und nichts zu kaufen. Aber an jenem Nachmittag erblickte ich gleich beim Eingang meines Lieblingsgeschäfts *die* Tasche. Ich war so begeistert davon, dass ich sogar meine Regel Nummer eins vergaß, die da lautet: „Schauen ist erlaubt, aber anfassen oder gar anprobieren nicht." Diese Regel ist durchaus sinnvoll, da ich mich ja nicht unnötig quälen will.

Doch wider besseres Wissen nahm ich das himbeerfarbene, perfekt proportionierte Leder in die Hände – und es war um mich geschehen. Die Tasche fühlte sich wunderbar an, als sie an meiner Schulter hing. Und wie viele praktische Fächer in ihrem Inneren eingenäht waren! Auch mein Spiegelbild bewies, dass sie super zu meinem Lippenstift passte. Dann bekam meine Freude einen Dämpfer, als ich das unscheinbare Preisschild entdeckte. Mein Verstand wusste sofort: *Die kann ich mir nicht leisten.* So legte ich schweren Herzens das Objekt meiner Begierde zurück und verließ mit meiner Freundin den Laden.

Wieder daheim, konnte ich die Tasche nicht vergessen. Ich legte mir Strategien zurecht, wie ich zu dem benötigten Geld kommen könnte, um mir diesen himbeerfarbenen Luxusartikel leisten zu können. Von meinen Anstrengungen erzählte ich auch meiner Nachbarin.

Tage vergingen. Es war noch nicht einmal Monatsmitte, als ich feststellte, dass wir fast kein Geld mehr auf dem Konto hatten. Diese Entdeckung machte ich leider nicht zum ersten Mal. Es kommt öfter vor, dass wir knapp bei Kasse sind. Aber jedes Mal ruft diese Tatsache existenzielle Ängste in mir hervor. Ich frage mich, wo wir noch hätten sparen können und ob ich verantwortungsvoll mit dem Haushaltsgeld umgegangen bin.

Voller Panik und dementsprechend angespannt besprach ich die Sache mit meinem Mann. Er, von einem unerschütterlichen Gottvertrauen beseelt, ließ sich nicht aus der Ruhe bringen. Er erinnerte mich daran, was auf dem Schweizer Fünffrankenstück steht: „Dominus providebit" – Gott wird versorgen. Dann rief er mir all die Situationen in Erinnerung, in denen Gott uns treu versorgt hatte – nie zu spät, sondern immer rechtzeitig.

Gott wird versorgen. Diese schlichte Wahrheit half mir, aus dem Karussell der negativen Gedanken und Gefühle auszusteigen. Ich wiederholte diesen Satz innerlich immer wieder, bis meine Seele ruhiger wurde. Es war, als würde Gott mir in Erinnerung rufen, wie er in der Vergangenheit für unsere Familie gesorgt hatte. Stets konnten wir die Rechnungen bezahlen und immer hatte es für das Lebensnotwendige gereicht. Schließlich war ich auch bereit, der Realität ins Auge zu schauen: Wenn das Geld gerade mal für das Lebensnotwendige reichte, war es lächerlich, mir diese Tasche zu wünschen. So nahm ich meine Schaufel – die, mit der ich unrealistische Träume begrabe – und begrub meinen Traum in Himbeerrot, der doch so gut zu mir gepasst hätte.

Am selben Abend, als ich die Kinder ins Bett brachte, klingelte es an der Tür. Die Tochter meiner Nachbarin stand dort und überreichte mir ein Geschenk. Umgeben von meinen Kindern kniete ich mich im Flur auf den Boden und packte es aus. Es war die Tasche!

Außer mir vor Freude und völlig überrascht kamen mir die Tränen. Ich war sprachlos. Da entdeckte ich die beigelegte Karte. Darin bedankte sich meine Nachbarin für die unkomplizierte Nachbarschaft, für mein offenes Ohr und die Zeit, die ich oftmals für sie habe. Als ich mich später bei ihr bedankte, erklärte sie mir, dass sie mir eine Freude habe machen wollen. Und da ich ihr vor ein paar Tagen in allen Details von der Tasche vorgeschwärmt hatte, wusste sie auch, wonach sie suchen musste …

An diesem Tag habe ich einiges gelernt. Ich lernte, dass Gott für uns sorgt. Außerdem erinnerte er mich daran, dass er mich ganz persönlich kennt, dass ihm meine Wünsche bekannt sind und er sie ernst nimmt. Die Tasche ist eine Liebeserklärung von Gott an mich und die sichtbare Erinnerung daran, dass Gott uns versorgt.

Für mich ist sie aber auch eine liebevolle Ermahnung, dass ich nicht Gott spielen soll. Wenn ich nämlich versuche, alles unter Kontrolle zu haben, sorge ich mich um Dinge, auf die ich keinen Einfluss habe. Nicht genügend Geld auf dem Konto zu haben macht mich unsicher – Gott aber ist meine Sicherheit. Wie einfach ist es für mich, Gott zu vertrauen, wenn es mir an nichts mangelt. Aber wie schwer wird es plötzlich, wenn ein scheinbarer Mangel zur Bedrohung wird. Gerade in diesen Zeiten wird meine himbeerrote Tasche zu meinem persönlichen Symbol des Vertrauens. Vertrauen auf Gottes Fürsorge und sein rechtzeitiges Eingreifen. Ich lerne, meine Ängste loszulassen und mich an Gottes Verheißung festzuhalten: „Dominus providebit" – Gott wird versorgen.

Andrea Wenk ist Pflegefachfrau und lebt in der Schweiz.

Du bist ein Gott, der mich sieht

Sigrid Lang

Ich wuchs als Vollwaise bei meiner Oma auf, die mich christlich erzog. Als ich vierzehn Jahre alt war, starb sie nach einer Schilddrüsen-OP. Für mich war das damals ein sehr großer Schock, da ich am Abend vor der Krankenhauseinweisung noch einen Streit mit ihr gehabt hatte. Sie hatte geweint und gesagt, dass sie sterben wolle.

Der Verlust meiner Oma und ihre letzten Worte stürzten mich in ein tiefes Loch. Ich erinnere mich noch, wie ich zu Gott um Hilfe schrie. Und er hörte mich! Ich durfte nach dem Tod meiner Oma eine schöne Teenagerzeit bei meiner Großtante verbringen, die sich rührend um mich kümmerte.

Als Erwachsene vertraute ich mein Leben Jesus Christus an. Ein Seelsorger half mir, den Streit mit meiner Oma vor Gott zu bringen, Vergebung zu erfahren und Frieden darüber zu finden.

Viele Jahre später erkrankte auch ich an der Schilddrüse. Man riet mir zu einer Operation, doch alles in mir wehrte sich dagegen. Plötzlich stand mir der Tod meiner Oma wieder allzu deutlich vor Augen. Deshalb versuchte ich, um diese OP herumzukommen, und ließ zwei Radiojodtherapien über mich ergehen, die aber nicht halfen. Die diagnostizierten Knoten wurden immer größer und es kam eine starke Überfunktion dazu. Schließlich führte kein Weg mehr an dem Eingriff vorbei. Der Termin wurde festgelegt.

Als ich am Tag vor der OP mein Klinikzimmer bezog, hatte ich furchtbare Angst. Immer wieder musste ich an meine Oma denken. Als der Anästhesist mich dann über alle Gefahren aufklärte, wurde meine Angst noch größer. Er gab mir ein Formular, auf dem ich unterschreiben sollte, dass bei der OP auch mein Tod eintreten könnte. Das war einfach zu viel für mich. Ich zog mich an und ging ins nahe gelegene Stadtzentrum, um mich abzulenken und mir etwas Gutes zu tun.

Auf einem großen Platz entdeckte ich einen Blumenstand. Ich wollte mir eine Blume kaufen, merkte aber, dass ich mein Geld vergessen hatte. Das machte mich sehr traurig, denn es blieb keine Zeit, jetzt noch Geld zu holen. Da hatte ich die Idee, auf dem Boden nachzusehen, denn oftmals verliert ja jemand Geld. Also heftete ich meinen Blick auf den Boden und ging weiter über diesen großen Platz. Nichts. Aber ich gab die Hoffnung nicht auf und plötzlich sah ich etwas Glitzerndes. Ich ging schnurstracks darauf zu.

Als ich erkennen konnte, was da glitzerte, traute ich meinen Augen nicht. Vor meinen Füßen lag eine Kette mit einem großen goldenen Kreuz! Mich durchfuhr ein Schauer, und mir war, als würde Gott zu mir sagen: „Sigrid, schau auf das Kreuz!" Ich war so gerührt, Tränen stiegen mir in die Augen, und ich hielt das Kreuz ganz fest in meiner Hand.

Plötzlich wurden ich und meine Ängste ganz klein und Gott ganz groß! Obwohl ich so kleingläubig war, blieb Jesus mir treu, sah mich und sprach mir auf seine einmalige, kreative Art mitten ins Herz.

Ich sah mich um, um zu schauen, wer es verloren haben könnte, entdeckte aber niemanden. Daher nahm ich das Kreuz, umklammerte es und ging leichteren Schrittes zurück in die Klinik. Ich legte es in meinen Nachtschrank und schaute es immer wieder voller Dankbarkeit an. Für mich kam dieses Kreuz direkt vom Himmel. Gott sah mich! Meine Angst verflog, ich sang Loblieder, und als die Nachtschwester kam, um mir ein Beruhigungsmittel zu geben, lehnte ich dankend ab.

Ich schlief sehr gut. Als ich am Morgen das nächste Beruhigungsmittel nehmen sollte, lehnte ich wieder ab. Ich konnte sogar noch mit dem Anästhesisten scherzen, ehe die Narkose zu wirken begann. Ich fühlte mich getragen.

Die OP verlief gut, obwohl der Arzt meinte, dass sie nicht einfach gewesen sei. Durch die Radiojodtherapien waren viele Verwachsungen entstanden.

Ich war überaus dankbar, dass ich in dieser Situation so intensiv erfahren durfte, dass Gott sich um mich kümmert, dass er mich mit all meinen Ängsten sieht und liebevoll darauf eingeht.

Nach dem Klinikaufenthalt gab ich die Kette im Fundbüro ab. Als sie auch nach einem halben Jahr nicht abgeholt worden war, durfte ich sie behalten. Jetzt hängt sie an meinem Spiegel und zeigt mir jeden Tag, dass Gott mich liebt und trägt.

Sigrid Lang ist verheiratet und hat vier erwachsene Kinder und vier Enkelkinder.

Das himmlische Telefon

Elisabeth Malessa

Wir waren jung verheiratet und mein Mann kam als Pastor in seine erste Gemeinde. Die Gemeinde war klein, die Verwandtschaft weit weg, Freundschaften hatten wir noch keine geschlossen. Ich war mit unserem ersten Kind schwanger und manchmal waren wir ein bisschen einsam.

Eines Nachts wachte ich auf und bemerkte, dass mein Mann nicht neben mir lag. Ich fand ihn im Wohnzimmer vor dem Fernseher. Bald kam dies mehrmals in der Woche vor. Ich sprach ihn darauf an und sagte: „Das kann doch nicht gut für dich sein, wenn du die halbe Nacht fernsiehst!"

Er antwortete: „Ach was, ich kann nicht schlafen, dann schaue ich eben fern", und hielt an dieser Gewohnheit fest.

Diese Situation belastete mich zunehmend und schließlich sprach ich mit Gott darüber. Ich weiß noch genau, wie ich Folgendes betete: „Lieber Vater im Himmel, ich kann mir nicht vorstellen, dass es gut für meinen Mann ist, wenn er nachts so viel vor dem Fernseher sitzt. Wenn du das auch meinst, dann sag du es ihm bitte. Auf dich wird er hören, auf mich hört er nämlich nicht!" Ich betete ein- oder zweimal für dieses Anliegen.

Es vergingen etwa zwei Wochen. Ich hatte das Gebet schon fast wieder vergessen, als mein Mann plötzlich aus heiterem Himmel sagte: „Der Fernseher muss in den Keller!" Als ich nach dem Grund fragte, sagte er: „Gott hat mir gezeigt, dass ich nicht damit umgehen kann und ihn wegtun soll!" Natürlich fiel mir sofort mein Gebet ein und ich dankte Gott von ganzem Herzen für diese Gebetserhörung.

Und natürlich erzählte ich auch meinem Mann davon, dass ich für dieses Anliegen gebetet hatte. Er bat mich daraufhin, dieses Erlebnis möglichst vielen Frauen weiterzuerzählen und ihnen damit Mut zu machen, mehr mit Gott über ihren Ehemann zu reden, anstatt mit Drängeln und Nörgeln ihren Mann ändern zu wollen. Er sagte: „Weißt du, wir Männer sind oft zu stolz, um auf den Rat unserer Frau zu hören, und manchmal machen wir dann genau das Gegenteil. Deshalb müsst ihr als Frauen weise sein und das himmlische Telefon benutzen."

Dieses Erlebnis habe ich nie vergessen. Ich habe es oft weitererzählt und bin dankbar, dass ich in den folgenden Jahren ähnliche Gebetserhörungen erleben durfte.

Im Laufe unserer Ehe habe ich gelernt, dass ich mir nicht anmaßen darf zu wissen, was mein Mann tun soll – obwohl ich mir das oft genug einbilde. Marta aus der Bibel ist mir da ein warnendes Beispiel. Sie wusste genau, was ihre Schwester Maria tun sollte, nämlich ihr helfen. Marta versuchte sogar, Jesus dazu zu bringen, Maria zu sagen, was sie von ihr erwartete. Wie sehr erkenne ich mich in diesem Verhalten wieder! Wie gut meine ich oft zu wissen, was andere Menschen in der

Gemeinde tun sollten! Und natürlich weiß ich auch sehr genau, was mein Mann tun und lassen sollte …

Maria hat übrigens nicht zu Jesus gesagt: „Herr, sag doch Marta, dass sie endlich mit ihrer Arbeit aufhören und sich auch zu uns setzen soll!“ Maria hat das getan, was sie für sich für richtig hielt, und nicht nach dem Verhalten der Menschen um sie herum geschaut. So ist Maria ein großes Vorbild für mich.

Ich möchte nicht beurteilen, was für die Menschen in meinem Umfeld gut und richtig ist und was sie tun oder lassen sollen. Das ist Gottes Aufgabe. Ich darf mit Gott über diese Menschen reden. Und es dann ihm überlassen, ihnen zu begegnen und zu ihnen zu sprechen.

Wie gut, dass er ihnen nicht meine Meinung sagt, sondern seine! Und ab und zu ist das vielleicht sogar das Gleiche …

Elisabeth Malessa ist als Referentin tätig und lebt in Feuchtwangen.

Doch ich verlasse mich auf den Herrn,
ich warte auf seine Hilfe.
Ja, mein Gott wird mich erhören!

Micha 7,7

Kapitel 4

WENN ALLES AUSSICHTSLOS ERSCHEINT

Perfektes Timing für die Autopanne

Jutta Krebs

In 27 Jahren als Missionarin in Nordkamerun habe ich in vielen Situationen ganz konkret Gottes Führung erlebt. Zum Beispiel als wir mitten im Busch eine Autopanne hatten …

Als Koordinatorin des medizinisch-diakonischen Werkes der Kameruner Baptistengemeinden war ich unterwegs zu einem Supervisionsbesuch in einer unserer Kliniken in den Bergen. Im Laufe des Tages stieg das Thermometer auf 40 Grad im Schatten. Am Nachmittag war ich froh, mich auf den Heimweg zur 60 Kilometer entfernten Missionsstation zu machen.

Mein Sekretär Mathieu und ich unterhielten uns gerade über die Ergebnisse des Tages, als es unter der Motorhaube anfing zu rattern. Wir hielten an, klappten die Motorhaube hoch und schauten hinein. Ein gerissener Keilriemen hing im Motorraum. Ich zog ihn heraus und schaute ihn ratlos an. Mathieu hatte genauso wenig Ahnung von Autos wie ich. Allerdings wusste ich, dass mein Geländewagen zwei Keilriemen hatte – einen für die Motorkühlung und einen für die Klimaanlage. Aber welcher war gerissen? Wäre es der der Klimaanlage, könnten wir weiterfahren. Wäre es aber der Keilriemen der Motorkühlung, würden wir einen Motorschaden durch Überhitzung riskieren.

Das Tageslicht wurde schwächer, doch es herrschten noch an die 39 Grad. Was sollten wir tun? Ich war genervt, hungrig, müde und hatte Durst, aber meine Wasserflasche war fast leer. Bis nach Hause waren es noch 45 Kilometer. Wenn es doch wenigstens einen Baum gegeben hätte, der Schatten spendete! Aber nein, mitten im Busch mussten wir stehen bleiben. Hätte Gott das nicht verhindern können?

Mathieu kam auf die Idee, ins nächste drei Kilometer entfernte Dorf zu laufen, denn dort war Markttag, und an Markttagen sind meistens auch Mechaniker auf dem Markt, die Motorräder und Autos reparieren. Also machte er sich auf den Weg.

Ich stand vor dem Geländewagen und schaute mich um. Ich liebte die trockene Landschaft der Sahelzone in Nordkamerun. Wie viele verschiedene Brauntöne es hier gab!

Plötzlich zog etwas meine Aufmerksamkeit auf sich. In der Ferne erblickte ich eine kleine staatliche Gesundheitseinrichtung. Jemand im weißen Kittel stand in der Tür und winkte. Ich winkte zurück. Das Winken wurde ganz aufgeregt, als wollte die Person mir mitteilen, ich solle kommen. Dazu hatte ich allerdings überhaupt keine Lust. Erstens wollte ich den Geländewagen nicht allein lassen – man konnte nie wissen, wie viel man später noch von ihm wiederfinden würde. Zweitens ging ich ungern mit Sandalen durch das Buschgras, denn dort gab es Schlangen.

Die Person im weißen Kittel hörte aber nicht auf zu winken. Also schloss ich den Geländewagen ab und machte mich auf den Weg. Sobald die winkende Person sah, dass ich unterwegs war, lief sie wieder ins Haus hinein. Langsam dämmerte mir, dass dort wohl irgendetwas nicht stimmte. Ich beschleunigte meinen Schritt und trat fest auf, um durch die Erschütterung eventuelle Kriechtiere zu vertreiben.

Als ich ankam, begrüßte mich der Krankenpfleger aufgeregt. Wir kannten uns von Sitzungen bei den Gesundheitsbehörden. Er sagte: „Jutta, ich bin so froh, dass du da bist. Ich habe hier eine Frau, die seit zwei Tagen in den Wehen liegt. Das Kind kommt nicht. Es geht ihr immer schlechter, und ich weiß nicht, was ich machen soll. Wir konnten auch kein Auto finden, das sie mitnehmen wollte, um sie in ein Krankenhaus zu bringen. Außerdem hätte die Familie kein Geld, um den Transport der Frau zu bezahlen."

Die Gesundheitseinrichtung hatte außer einem Tisch, einem Stuhl, einer Pritsche und ein paar Instrumenten eigentlich nichts. Die Einmalhandschuhe sahen aus, als wären sie schon oft gewaschen worden.

Da ich neben meiner Arbeit als Koordinatorin auch noch als Hebamme und Krankenschwester tätig war, hatte ich, wenn ich unterwegs war, immer einen Notfallkoffer dabei. Ich schickte den Krankenpfleger los, um ihn aus dem Auto zu holen, denn ich wollte die Frau mit sauberen Handschuhen untersuchen.

Sehr schnell stellte sich heraus, dass das Kind quer im Bauch der Mutter lag und nicht auf normalem Weg geboren werden konnte. Auf dem Bauch zeichneten sich schon die Anzeichen einer baldigen Gebärmutterruptur ab. Dann würde das Kind sterben und die Frau innerlich verbluten. Schnelles Handeln war gefragt. Sie brauchte dringend einen Kaiserschnitt. Doch dieser war in der Gesundheitsstation nicht möglich.

In meinem Notfallkoffer hatte ich ein Medikament zum Stoppen der Wehen. Das spritzte ich in eine Infusionsflasche, die ich auch bei mir hatte, legte der Frau einen venösen Zugang und stöpselte die Infusion an. Damit konnten wir etwas Zeit gewinnen.

Gemeinsam mit dem Ehemann der Frau überlegten wir, was wir machen sollten. Wenn bei meinem Geländewagen nur der Keilriemen der Klimaanlage gerissen wäre, dann könnte ich die Frau in unser Krankenhaus mitnehmen. Wenn die Motorkühlung nicht mehr funktionierte, müssten wir eine andere Möglichkeit finden, sie ins Krankenhaus zu bringen.

Inzwischen hatte Mathieu auf dem Markt einen Mechaniker auftreiben können. Zusammen kamen sie auf einem Motorrad beim Wagen an. Mathieu wunderte sich, dass ich nicht da und der Wagen abgeschlossen war. Vor der Gesundheitsstation sah ein Junge, dass zwei Personen am Wagen standen, und gab Mathieu Bescheid. Schnell machte der sich auf den Weg, um bei mir die Autoschlüssel zu holen. Ich erklärte ihm die Situation und er rannte so schnell er konnte zum Geländewagen zurück.

Der Mechaniker brauchte nicht lange, um festzustellen, dass der Keilriemen der Klimaanlage gerissen war. Wir konnten also weiterfahren. Mathieu bezahlte den Mechaniker und machte sich wieder auf den Weg zur Gesundheitseinrichtung.

In der Zwischenzeit hatte der Junge uns schon die gute Nachricht überbracht. Jetzt musste ich nur noch mit dem Geländewagen zur Klinik fahren. Die letzte Regenzeit hatte den

Sandweg dorthin mit einem tiefen Graben versehen, sodass ich mir selbst einen Weg durch das Buschgras suchen musste.

Mein Geländewagen war so groß, dass normalerweise bei heruntergeklapptem Sitz ein Kranker gut auf einer Matte liegen konnte. Das hatten wir schon oft so gemacht. Aber leider hatten wir keine Matte dabei. Also legte sich die Frau zusammengekrümmt auf die hintere Sitzbank. Die Infusionsflasche banden wir am Haltegriff fest. Das Medikament wirkte; für den Moment hatte die Frau keine Wehen mehr. Der Ehemann saß ganz hinten, eingequetscht zwischen dem Gepäck. Es konnte losgehen.

Der Wagen war durch die Sonne stark erhitzt. Sobald die Türen geschlossen waren, war die Luft so heiß und drückend, dass uns jeder Atemzug Mühe bereitete. Die Klimaanlage funktionierte ja nicht. Wir kurbelten die Fenster herunter und heißer Fahrtwind kam herein. So schnell, wie es für die Frau erträglich war, raste ich über die steinige, löchrige Piste Richtung Krankenhaus. Wir hatten einige grüne Baumzweige in beiden vorderen Seitentüren befestigt und die Alarmblinkanlage eingeschaltet, was signalisieren sollte: Achtung, Notfall! So rasten wir durch die Dörfer. Niemand hielt uns an, alle sprangen aus dem Weg. Nur einige Ziegen und Schafe beeinträchtigten unsere Geschwindigkeit.

Kurz vor dem Erreichen unserer Missionsstation, wo sich auch das Krankenhaus befand, fing ich an, immer wieder zu hupen. Ich hoffte, dass die Krankenhausmitarbeiter es hören würden und für den Notfall bereitstanden.

Als ich auf das Gelände fuhr, sah ich den Operationspfleger zum Operationsgebäude laufen. Die Entbindungsklinik lag direkt daneben. Als ich anhielt, stand schon eine Trage bereit, und die Frau wurde direkt in den OP geschoben. Während ich mich für die Operation umzog, holte ein anderer Mitarbeiter den Arzt. Die Frau lag bereits auf dem OP-Tisch. Ich hörte noch einmal die Herztöne des Kindes ab. Es schlug nur noch ganz langsam. Wir mussten uns beeilen.

Alle standen bereit. Der Anästhesiepfleger sprach ein Gebet, dass Gott das Leben von Mutter und Kind bewahren und der Kaiserschnitt gelingen möge. Unter unseren Augen begann die Gebärmutter zu reißen. Das Kind konnte schnell entbunden werden. Es fing sofort an zu schreien. Auch die Blutung der Mutter konnte gestillt werden, ohne dass sie zu viel Blut verlor.

Eineinhalb Stunden später kam ich erschöpft bei meinem kleinen Haus an. Dort ließ ich den Tag noch einmal an mir vorüberziehen. Erst da wurde mir so richtig bewusst, was geschehen war. Gott hatte für ein perfektes Timing gesorgt. Eine Autopanne zum rechten Zeitpunkt, um zwei Menschenleben zu retten. Ohne diese Panne wäre ich einfach vorbeigefahren. Mir wurde bewusst, dass ich wieder einmal recht wenig Vertrauen in Gott gehabt hatte. Denn ich hatte mich sehr über die Panne geärgert und ihn in Gedanken gefragt: *Hättest du das nicht verhindern können?* Aber Gott hatte etwas viel Besseres im Sinn. Im Nachhinein schämte ich mich, dass ich nur an mich und meine Bedürfnisse gedacht hatte.

Am nächsten Tag besuchte ich die Frau und das Baby auf der Wochenstation. Ihr Mann stand an ihrem Bett und beide strahlten mich an. „Usekko, Usekko", waren ihre Worte, was so viel wie „Danke" heißt. Ich antwortete: „Usekko Almasihu" – „Dank sei Gott!"

Jutta Krebs ist gelernte Hebamme und Krankenschwester und hat 27 Jahre in Kamerun als Missionarin gearbeitet.

Definiert durch meine Hautfarbe?

Jenny Jansen

Meine gebräunte Haut verdanke ich einer deutschen Mutter und einem mir unbekannten farbigen Vater. Diese Hautfarbe war für mich oft ein Nachteil. Ich wuchs als Adoptivkind eines katholischen Pfarrers und seiner Haushälterin auf. Anfang der Sechzigerjahre war man froh, „Mischlingskinder" untergebracht zu haben. Sie waren schwer zu vermitteln.

Wer war meine Mutter? Ich erforschte meine Abstammung und fand meine leibliche Mutter in den USA. Sie nannte mir den Namen meines Vaters. Er lebte in San Francisco. Ich dachte, ich sei am Ziel angekommen – dort, wo ich hingehörte und angenommen wäre.

Doch es kam anders: In Deutschland war ich eine Schwarze und machte die Bekanntschaft des Rassismus der Weißen. In Amerika war ich den Schwarzen zu hellhäutig und lernte die Ablehnung der „Black Community“ kennen. Der gefundene Vater mochte mich jedoch und ich fühlte mich zwanzig Jahre lang als seine Tochter. Bis sich kurz vor seinem Tod durch einen von seinen Töchtern erzwungenen DNA-Test herausstellte, dass dieser Mann leider nicht mein leiblicher Vater war.

Später zog ich nach München. Diese Stadt war für mich als Kind vom Land die ersehnte Party- und Filmstadt. Ich ging in Discos, erlebte Tanzabende und war auf der Suche nach Geborgenheit und Liebe. München sollte mir die Freiheit bringen. Ich war nicht mehr „die Negerin“, ich war eine schwarze Deutsche. Hier fand ich eine Gruppe von Menschen, denen es ähnlich ging. Wie befreiend, nicht mehr einsam in der Menge der Weißen, sondern akzeptiert unter Gleichen zu sein!

In meinem Privatleben wiederholte sich jedoch die Geschichte der Ablehnung. Wo war meine Heimat? Gab es irgendwo eine Insel der Mischlinge? Warum hatte Gott mir dieses Aussehen gegeben? Viele Fragen unbeantwortet, große Traurigkeit im Herzen und nirgendwo ein Ort, an dem ich mich willkommen und zugehörig fühlte.

Als Kind schrieb ich meine Gedanken in mein Tagebuch. Gott und ich – wir waren ein gutes Team. Ich weinte schreibend in das Kopfkissen und in meine Träume. Dort fand ich Frieden und war frei von jeglicher Hautfarbe, einfach nur ich selbst.

Als ich wieder einmal stehen gelassen wurde, wollte ich sterben. Meinen Traum, in San Francisco zu leben, konnte ich als deutsche Bankkauffrau damals nicht umsetzen, und Deutschland schien mich nicht zu brauchen. Doch ich war zu feige, über die Balkonbrüstung im zwölften Stock meines Wohnblocks zu klettern.

Kurz darauf begegnete ich der farbigen Gospelsängerin Roberta. Sie sprach mit mir nur über ein Thema: Jesus. „Hey girl, lerne Jesus kennen, so wie ich, dann geht es dir gut. Du suchst deinen leiblichen Vater, aber Gott zu finden, das ist das Leben!" Eine unglaubliche Dynamik ging von dieser Frau aus. Sie las die Zeitschrift „Lydia"; immer wieder gab sie mir eine Ausgabe mit. „Lies und denk nach! Was Gott für andere tut, kann er auch für dich tun", waren stets ihre Worte, begleitet von einem fröhlichen, aufmunternden Lachen.

Mein Herz sehnte sich nach Gott, doch mein Verstand kam mir immer wieder in die Quere. Nach einem Gottesdienstbesuch dachte ich: *Die spinnt, diese Halleluja-Bande.* Und doch! Es zog mich immer wieder dorthin. Dann packte es mich. Ich wollte einen persönlichen Termin bei diesem Gott. In meiner damaligen Rebellion forderte ich Gott heraus: „Wenn es dich wirklich gibt", schrie ich ihn in der dunkelsten Stunde meines

Daseins an, „dann zeig dich mir!" Ich war richtig sauer auf diese aufdringliche Gospelsängerin mit ihrem Jesus und auf die glücklichen Frauen in der Zeitschrift „Lydia". Wo blieb ich? Kamen immer nur die anderen dran?

Wutentbrannt von des Lebens Leere, des Herzens Schmerzen und aller Ungerechtigkeiten, schlief ich ein. Ich hätte besser überlegen sollen, wen ich da herausgefordert hatte! Er hörte mich. Mitten in der Nacht wurde ich wach. Nichts war mehr, wie es war. Meine ganze Wohnung war von einer Kraft erfüllt, von einer Gegenwart getränkt, wie ich sie noch nie erlebt hatte. Und ich sah mein erstes Wunder: mein Tulpenstrauß, der schon am ersten Abend nach dem Kauf alle Blütenblätter hatte hängen lassen, stand gerade in der Vase. Die Stängel waren aufgerichtet wie Bleistifte, die Blütenblätter senkrecht nach oben. In dieser Stellung blieben sie fast drei Wochen stehen. Es war für mich ein sichtbares Wunder der Kraft Gottes.

Plötzlich wurde mir klar: Gott selbst hatte mir ein Zeichen gesandt. Er hatte mein Flehen, mein Gebet erhört. In dieser Nacht wollte ich mich von meinem Bett erheben. Doch die Kraft in meinem Zimmer war so übermächtig, dass ich nur über den Boden kriechen konnte, um die „Lydia" aufzuheben und das dort abgedruckte Gebet zu murmeln: „Herr Jesus Christus, ich brauche dich und will mit dir leben. Danke, dass du am Kreuz für meine Sünden gestorben bist. Ich übergebe dir mein Leben und nehme dich als meinen Herrn und Erlöser an. Übernimm die Herrschaft in meinem Leben. Gestalte mich so, wie du mich haben willst. Amen."

Sofort kehrte Ruhe bei mir ein. Ich erinnerte mich an meine alte Schulbibel. Die Kraft Gottes in meinem Zimmer war so gewaltig, dass ich sie nur auf Knien suchen konnte. Ich schlug die lange nicht benutzte Bibel auf. Dort las ich den ersten Satz, der mir ins Auge fiel. Ich musste weinen, dann überkam mich tiefe Freude. *Gott liebt mich,* dachte ich. *Er liebt die Schwarzen. Dort steht, dass niemand auf mich herabsehen darf.* In dieser Nacht war ich Sulamith aus dem Hohelied und er beschützte mich mit den Worten: „Ich bin dunkelbraun und schön, ihr Mädchen von Jerusalem, braun wie die Zelte von Kedar, wie die Zeltdecken Salomos bin ich. Starrt mich nicht an, weil meine Haut so dunkel ist“ (Hohelied 1,5–6; Neues Leben).

Jahrelang hatte ich geglaubt, die Bibel sei nur für Weiße. Doch da stand etwas über mich. Mein Schwarzsein war für Gott wichtig und Sulamith aus der Bibel wurde mein Vorbild. Ich wurde geliebt. Wir schwarzen Menschen werden von Gott geliebt. Wir sind ihm genauso wichtig wie jeder andere Mensch. Unsere Hautfarbe spielt keine Rolle in seiner Zuwendung. Wir sind ein Zeichen seiner göttlichen Vielfalt und Kreativität. Wir sind seine fantasievolle Schöpfung, gleichwertig mit jeder anderen ethnischen Gruppe auf diesem Planeten. Diesem Schöpfer habe ich mein Leben anvertraut. Seit jener Nacht bis heute – 27 Jahre später – danke ich ihm für meine Erlösung. Mein Leben hat einen Sinn bekommen: Jesus ist mein Leben.

Jenny Jansen ist Referentin, Autorin, Systemischer Business-Coach und Vers.-Betriebswirtin B. A.

Bewahrt in letzter Sekunde

Danièle Hartmann

An einem Winterabend kam ich spät nach Hause und wollte meinen Wagen in der Garage parken. An der Toreinfahrt entdeckte ich eine dunkle Gestalt, die sich hinter ein Auto duckte. Die Garage bot Platz für dreißig Autos; mein Parkplatz befand sich ganz hinten an der Wand. Ich weiß nicht, warum ich nicht einfach den Rückwärtsgang einlegte, sondern vorwärts auf meinen Parkplatz fuhr. Ich stieg aus, warf die Tür zu und hastete mit schnellen Schritten in Richtung Ausgang. In wenigen Sekunden würde das Tor automatisch schließen, deshalb musste ich vorher den Lichtstrahl passieren, um durch den Hauptausgang zu gelangen. Mein Herz pochte vor Aufregung.

Inzwischen war die Gestalt aus ihrem Versteck gekommen und stand zwischen zwei parkenden Autos. Es war ein jüngerer Mann. Seine dunklen Augen starrten mich finster an. Ich starrte zurück. Ich blickte ihm direkt in die Augen und betete innerlich zu Gott. Plötzlich waren mir die Worte meiner Mutter ganz nah. Sie hatte uns immer gelehrt, dass Gott alles sieht und dort helfen und eingreifen kann, wo kein Mensch mehr etwas zu tun vermag. Ich flüsterte: „Herr Jesus, hilf mir, dass dieser Mann mir nichts antun kann!" Der Mann folgte mir mit hastigen Schritten.

Draußen war es dunkel und kalt. Die Bewohner der Wohnblöcke saßen vor ihren Fernsehgeräten oder waren bereits schlafen gegangen. Auf einmal forderte mich eine innere

Stimme auf, mich umzudrehen. Ich drehte mich auf dem Absatz um, schaute den fremden Mann an, ging einen Schritt auf ihn zu und erhob meine Arme wie ein Karatekämpfer. Der Mann war dermaßen überrascht, dass er fünf Schritte zurückwich. Einen Augenblick lang war auch ich überrascht von dieser Reaktion. Doch dann überkam mich wieder dieses elende Gefühl, das mir einredete, verloren und hilflos zu sein. Ich war weder eine gute Sprinterin, noch hätte ich den Mann kräftemäßig einschüchtern können.

Ich setzte bereits meinen Fuß in Bewegung, um in einem verzweifelten Versuch loszurennen, als uns die Scheinwerfer eines herannahenden Autos erfassten. Um diese späte Uhrzeit waren vorbeifahrende Autos selten. Ich sprang dem Wagen entgegen. Ein Mann und seine Frau hielten an und fragten mich, ob ich Hilfe bräuchte. Zitternd vor Schreck erklärte ich ihnen die Situation, während mein Verfolger unbemerkt in die Dunkelheit entwich.

Sie begleiteten mich bis zu meiner Haustür. Erschöpft fiel ich im Wohnzimmer zu Boden und dankte Gott, dass er mich bewahrt hatte. Nie werde ich vergessen, wie er mich aus dieser ausweglosen Situation befreit hat.

Danièle Hartmann ist Kauffrau und lebt in der Schweiz.

Versöhnung mit meiner alkoholkranken Mutter

Maren Thiem

Als ich mit siebzehn Jahren meinen Mann kennenlernte, glich mein Leben einem Scherbenhaufen. Meine Familie war in den vorangegangenen Jahren völlig zerbrochen. Das Drama begann, als mein Vater uns nach jahrelangem Ehekrieg verließ und noch im selben Jahr mein Großvater starb, der im Nachbarhaus wohnte. Bei meiner Mutter – die damals bereits auf dem Weg zur Alkoholikerin war – kam es in dieser Zeit immer wieder zu schweren Nervenzusammenbrüchen. Als sie wieder einmal tobte und dabei sogar zum Fenster hinausspringen wollte, holte ich meine Großmutter zu Hilfe. Diese starb noch am selben Abend vor den Augen meiner Mutter an einem Schlaganfall.

Danach trank meine Mutter noch mehr und nahm auch regelmäßig Beruhigungs- und Schlaftabletten zu sich. Das Leben mit ihr wurde immer chaotischer, sodass meine Schwester zum Vater flüchtete. Von da an war ich mit meiner kranken Mutter allein. Da sie am Leben kein Interesse mehr zeigte, kümmerte ich mich um Haushalt und Garten. Verzweifelt versuchte ich, uns über Wasser zu halten. Infolge der Überforderung litt ich an Schmerzerkrankungen, die mich noch viele Jahre begleiteten.

Aufgrund alkoholbedingter Unfälle und Krankheiten musste meine Mutter über die Jahre hinweg immer wieder ins Krankenhaus. Neben mehreren Knochenbrüchen und schweren Schnittverletzungen, die sie sich beim Sturz in die Scherben ihrer Schnapsflaschen zuzog, hatte sie einen Darmverschluss sowie einige Alkoholentzüge mit erfolglosen Therapien.

Außer meinen Kontakten in der Schule und beim Einkaufen lebte ich mit ihr in völliger Isolation, weil sie versuchte, ihre Sucht vor anderen zu verbergen. Zudem war sie krankhaft eifersüchtig auf alles und jeden, den ich irgendwie mochte. Das äußerte sich beispielsweise darin, dass sie Bilder und Poster von meinen Zimmerwänden riss und in Fetzen auf den Fußboden warf. Am liebsten wäre auch ich manchmal zu meinem Vater geflüchtet. Doch sein Krebstod drei Jahre nach seinem Auszug nahm mir endgültig diese Möglichkeit.

Als ich kurz vor meinem achtzehnten Geburtstag meinen Mann kennenlernte, trat er gerade noch rechtzeitig in meine kaputte Welt, um zu verhindern, dass ich aufgab. Unsere Liebe schenkte mir neuen Halt und die Hoffnung auf eine bessere Zukunft. Gemeinsam wollten wir uns ein Leben aufbauen und eine eigene Familie gründen.

Durch Mutters Eifersucht war unsere Freundschaft jedoch schweren Belastungen ausgesetzt. Ich konnte mich erst zur Heirat entschließen, als ich fast dreißig Jahre alt war. Da meine Mutter weiterhin suchtkrank war, beschlossen wir, bei ihr zu bleiben. Ihr Zweifamilienhaus bot für uns alle genügend Platz.

Eines Tages fing sie jedoch an, mir zu unterstellen, dass ich mich nicht ausreichend um sie kümmern könnte, wenn ich eine eigene Familie hätte. Ihre Vorwürfe wurden immer heftiger. Schließlich stellte sie mich vor die unglaubliche Entscheidung: „Entweder er oder ich." Sie drohte, dass sie mich enterben würde, falls ich mich „gegen sie" entschied.

Ich entschied mich für meinen Mann, hoffte aber, dass sie einlenken würde. Doch sie blieb hart und wollte uns sofort aus dem Haus haben. Sie schaltete einen Rechtsanwalt ein, erhob Räumungsklage und schien in ihrer Kampfhaltung regelrecht aufzublühen. Weil ihr unsere Wohnungssuche zu lange dauerte, beantragte sie die Zwangsräumung. In letzter Minute fanden wir dann doch noch eine Wohnung.

Nun konnten wir unser Familienleben erstmals gestalten, ohne die Probleme mit meiner Mutter im Rücken zu haben. In mir kehrte Ruhe ein, und es gelang mir, von dem Erlebten ein wenig Abstand zu nehmen. Was jedoch blieb, waren immer wiederkehrende Schmerzen und vor allem starke Zweifel, ob ich mit einem derartigen Hintergrund meiner eigenen Mutterrolle gerecht werden könnte.

Am neuen Wohnort lernte ich Christen kennen, die in einer lebendigen Beziehung zu Gott lebten und daraus Lebensfreude und Kraft schöpften. Ihr Lebensstil weckte in mir die Sehnsucht, ein ebensolches Leben zu führen.

Da die Geburt unseres dritten Kindes kurz bevorstand und niemand da war, der unsere beiden größeren Kinder während meines Klinikaufenthaltes betreuen konnte, bat ich Gott um Unterstützung. Prompt schickte er mir eine Frau über den Weg, die mich aus heiterem Himmel auf mein Problem ansprach und mir zusicherte, sich um unsere Kinder zu kümmern. Zögernd nahm ich ihr Angebot an. Als es dann so weit war und ich ins Krankenhaus musste, kam sie sofort.

In den darauffolgenden Wochen lud sie mich zu ihrem Frauenkreis ein. Dort erkannte ich beim Bibellesen zum ersten Mal, dass Jesus Christus nicht nur der einzige Weg zum Himmel ist, sondern auch der Einzige, der Menschen wie mich von ihren dramatischen Lebensgeschichten heilen kann. Plötzlich wurde mir klar, wie sehr ich ihn brauchte. Ich legte die ganze Last meiner Vergangenheit sowie alle Zukunftsängste in seine Hand und durfte erfahren, wie vor allem die Sorge darüber, ob ich meine Mutterrolle angemessen ausfüllte, immer mehr abnahm. Schließlich war ich überzeugt: Mit Gottes Hilfe würde es gelingen.

Seitdem sind fast zwanzig Jahre vergangen. Mit Gottes Hilfe konnte ich die Herausforderungen unseres Familienalltags bewältigen. Ja, es gab einige Probleme zu überwinden, doch im Gegensatz zu früher empfand ich das Leben nie wieder als Last, sondern als Geschenk. Mittlerweile überwiegen die Dinge, für die ich Gott danken kann, bei Weitem alle schrecklichen Erlebnisse meiner Kindheit. Die Liebe meiner Familie hat vieles ausgeglichen und von den Schmerzerkrankungen wurde ich weitgehend geheilt.

Darüber hinaus hat Gott es geschenkt, dass ich mich mit meiner Mutter vor ihrem Tod noch versöhnen und mit ihr sogar über das Evangelium sprechen konnte. Sie hat tatsächlich noch Zuneigung für ihre Enkelkinder empfunden und die krankhafte Eifersucht gegen meinen Mann fallen gelassen. Und: Allem Anschein nach hat sie nicht mehr getrunken.

Seit vielen Jahren schöpfe ich nun aus meiner Beziehung zu Gott Kraft und Lebensfreude – genau so, wie ich es mir damals ersehnt habe, als ich die Christen an unserem neuen Wohnort kennenlernte. Ich durfte erfahren, dass mit Gott das Unmögliche möglich ist und man auch ohne geeignetes Vorbild seine Mutterrolle ausfüllen kann. Eine tragische Vergangenheit ist nicht zwangsläufig ausschlaggebend für die Zukunft. Was wirklich zählt, ist die Nähe zu Christus, der es vermag, auch aus den kaputtesten Lebensgeschichten etwas Neues und Gesundes entstehen zu lassen.

Maren Thiem ist ein Pseudonym.

Segenswunsch

Möge Gott dir Weisheit schenken
bei allen Entscheidungen.

Möge er dir Entschlusskraft schenken,
neue Wege einzuschlagen.

Möge er dir das Vertrauen geben,
dass er einen Weg für dich schaffen kann.

Ruth Heil

Kapitel 5

WENN ICH SCHRITTE INS UNGEWISSE GEHE

Schöne Aussichten

Sonja Kilian

Die Aussicht aus meinem Bürofenster ist berauschend. Ich blicke auf den Belchen, den für mich schönsten Berg im Schwarzwald. Hier, wo unzählige Menschen Urlaub machen, darf ich arbeiten und täglich den Blick auf die herrliche Landschaft genießen.

Nach meinem Studium habe ich hier die Stelle als Leiterin der Touristeninformation angetreten. Die Arbeit ist abwechslungsreich und macht mir Freude. Regelmäßig steht mein Name in der Zeitung, oder ich bin auf Fotos zu sehen, beispielsweise wenn ich eine Veranstaltung organisiert habe oder wenn ich Zahlen und Statistiken zur touristischen Entwicklung des Ortes herausgebe.

Als ich zwei Jahre lang in der Touristeninformation gearbeitet habe, bin ich 25 Jahre alt. Ich habe viel gelernt und ausprobiert. Obwohl mir mein Job immer noch Spaß macht, schleicht sich bei mir langsam ein Gefühl der Unruhe ein. Ich würde gerne noch etwas Neues kennenlernen. Auch der Wunsch nach einem Partner ist da. Ich bitte Gott, mir seinen Plan zu zeigen.

Eines Samstags erfahre ich von einer Stellenausschreibung, die mein Interesse weckt. Es geht um die internationalen Projekte einer christlichen Organisation. Für die Stelle werden

Kenntnisse in Englisch und Spanisch vorausgesetzt. Ich bin begeistert. Bei einem christlichen Unternehmen zu arbeiten würde mir gut gefallen. Und meine Sprachkenntnisse endlich wieder mehr einzusetzen ist schon lange mein Wunsch. Aufgeregt bereite ich meine Bewerbungsunterlagen vor.

Einige Wochen später bekomme ich eine Einladung zum Bewerbungsgespräch. Dort angekommen, führt mich eine freundliche Dame durchs Haus. Vor einem kleinen Büro bleibt sie stehen. „Das wäre Ihr Büro, falls Sie die Stelle bekommen", meint sie. „Es hat die schönste Aussicht im ganzen Haus." Ich versuche, mir meinen Schreck nicht anmerken zu lassen. *Das nennen die Leute hier eine schöne Aussicht? Die müssten mal in den Schwarzwald kommen und an meinem jetzigen Arbeitsplatz aus dem Fenster schauen!*, denke ich.

Das Kennenlernen mit meinem potenziellen neuen Chef verläuft positiv. Die Tätigkeiten der ausgeschriebenen Stelle und vor allem die Arbeit mit den internationalen Partnern klingen spannend und herausfordernd. Ich male mir aus, wie ich viele Christen kennenlerne und neue Glaubenserfahrungen mache.

Auf der anderen Seite gefällt mir die Region so gar nicht. Ich müsste weit weg von zu Hause ziehen und in der Mitte Deutschlands leben – nicht mehr im sonnigen Süden, nahe an Frankreich, der Schweiz und dem Schwarzwald. Keine schöne Aussicht mehr aus meinem Bürofenster. Außerdem eine Stelle als Assistentin – nicht wie bisher mein eigener Chef.

Es ist kurz vor dem Wochenende. Am folgenden Montag soll ich Bescheid sagen, ob ich die Stelle antreten möchte. Ich will mich nicht das ganze Wochenende mit der Entscheidung herumquälen, deshalb rufe ich den Chef kurzerhand an und sage ab. Ich bin erleichtert. Alles kann bleiben, wie es ist!

Am Sonntag sitze ich neben meiner Mutter in der Kirche. Es ist der Abschiedsgottesdienst unseres langjährigen Pfarrers, der in eine andere Gemeinde wechselt. Er predigt zu dem vorgegebenen Text aus 1. Mose 12. Es geht um den Auszug von Abraham aus seiner vertrauten Umgebung, weg von seiner Verwandtschaft, in ein unbekanntes Land. Der Pfarrer legt den Gottesdienstbesuchern nahe: „Wir dürfen wie Abraham Gott vertrauen und ihm dahin folgen, wo er uns haben möchte. Dazu müssen wir mutig sein und Neues wagen. Es ist manchmal wichtig, Altes zu verlassen, wenn das Gottes Plan für unser Leben ist." Genau so geht es momentan dem Pfarrer selbst, weil er seine Stelle wechselt. Er meint noch, es sei wirklich passend, dass ausgerechnet bei seinem Abschied dieser Predigttext an der Reihe sei.

Meine Mutter stupst mich während der Predigt an und fragt flüsternd: „Meinst du wirklich, dass du an diesem Wochenende die richtige Entscheidung getroffen hast? Hättest du nicht noch beten und warten sollen, bevor du absagst?" Eigentlich bin ich froh, dass ich mich entschieden habe und nicht mehr überlegen muss, was richtig ist. Doch nach diesem Gottesdienst will ich der Sache noch eine Chance geben. Still bete ich: *Herr, wenn du es willst, wechsle ich meine Arbeitsstelle. Wenn mich mein möglicher neuer Chef noch mal anruft, obwohl ich schon abgesagt habe, will ich meine Meinung ändern.* Mit einem so unwahrscheinlichen Anruf rechne ich allerdings nicht.

Ich bin völlig überrascht, als der Leiter der Abteilung tatsächlich noch mal anruft. Obwohl es auch andere Bewerber gibt, ist er der Meinung, dass ich die Richtige sei. Das sagt er mir allerdings nicht. Stattdessen bietet er mir an, meine Fahrtkosten zu erstatten. Scheinbar nebenbei fragt er, ob ich denn bei meiner Entscheidung geblieben sei. „Ja!“, sage ich und erwähne mein Gespräch mit Gott mit keinem Wort.

Als ich den Hörer auflege, fühle ich mich elend. Ich weiß ganz genau, was ich Gott versprochen habe. Wenige Minuten später rufe ich meinen zukünftigen Chef zurück. „Ich möchte die Stelle doch annehmen“, sage ich. Er ist keineswegs verwundert, sondern freut sich. Jetzt freue ich mich auch. Plötzlich weiß ich mit großer Gewissheit, dass ich das tue, was Gott für mich vorgesehen hat. Er hat es mir so klar gezeigt. Ich spüre eine tiefe Zufriedenheit und eine Freude wie nie zuvor in meinem Leben

Nach meinem Umzug liege ich oft abends im Bett meiner kleinen Einzimmerwohnung und weine vor Glück. Wie schön, dass ich genau da bin, wo Gott mich haben möchte! Sogar die Aussicht aus meinem Büro kann ich genießen. Schließlich hat Gott für mich das Zimmer mit dem schönsten Blick im ganzen Gebäude frei gehalten.

Als Zusatzgeschenk lerne ich nach kurzer Zeit meinen zukünftigen Mann kennen, der auch bei meinem neuen Arbeitgeber beschäftigt ist. Hätte ich das geahnt, hätte ich mich ohne zu zögern für den neuen Wohnort entschieden! Aber Gott liebt Überraschungen. Und er liebt es, wenn wir ihm vertrauen. Mit ihm habe ich immer die besten Aussichten!

Sonja Kilian ist Diplom-Betriebswirtin.

Verborgenes Wirken

Lydia Bucci

Sorgfältig steckte ich die Blumenzwiebel in die Erde, drückte sie an und gab ihr noch etwas Wasser. Mit dieser Amarylliszwiebel hatte ich wie jedes Jahr die Hoffnung auf einen baldigen Frühling gepflanzt. In wenigen Wochen würde die Amaryllis uns mit ihrer Pracht beglücken.

Vor einigen Monaten war ich mit meinem Mann von England nach Italien gezogen. Für ihn war Italien Heimat, für mich ein Abenteuer. Endlich lebten wir in der Nähe seiner Familie und alter Freunde. Auch das Leben in dem romantischen Bergdorf hatte Charme und die offene Art der Menschen machte uns das Einleben leicht. Eigentlich war alles perfekt, nur eines fehlte: der Anschluss an andere Christen. Wir kannten niemanden, mit dem wir geistliche Gemeinschaft haben konnten. Je länger wir dort lebten, desto stärker wuchs unser Verlangen nach einer Kirche.

Ich fühlte mich ohne andere Christen einsam und teils auch kraftlos. Zum Glück war da mein Mann. Wir ermutigten uns gegenseitig. Manchmal saßen wir in unserer Küche und feierten zusammen das Abendmahl. Gemeinsam träumten wir von der Gemeinschaft mit Gleichgesinnten.

Inzwischen waren die Tage länger geworden und die Vögel kündigten den Frühling an. Doch von meiner Amaryllis, die ich liebevoll pflegte, gab es kein Lebenszeichen. Die Blätter waren noch verborgen, und ich war enttäuscht, dass es in diesem Jahr wohl keine Blüten geben würde.

Als wir erfuhren, dass wir für die Arbeit meines Mannes kurzfristig nach Frankreich ziehen sollten, entschied ich, den Blumentopf meiner Schwiegermutter zur Pflege zu geben. Sie kannte sich mit der Amaryllis nicht aus und stellte sie in den Waschraum. Da hätte sie genügend Licht, Wärme und Feuchtigkeit, meinte sie.

Ich vergaß die Pflanze; ich hatte mit dem Einpacken, dem Umzug und kurze Zeit später mit dem Auspacken in Frankreich genug zu tun. Wir kamen mit drei Koffern und null Französischkenntnissen in Paris an. Langsam versuchten wir, uns einzuleben – wie vor einem Jahr in Italien. Wir freuten uns auf die Möglichkeit, hier andere Christen und eine Gemeinde zu finden.

Am Anfang des Sommers fanden wir nach kurzer Suche eine Kirche, die unser geistliches Zuhause wurde. Wertvolle Freundschaften entstanden. Ich fühlte mich wie eine Blume, die zart von der Sonne erwärmt wurde. Endlich Gemeinschaft! Das Alleine-Kämpfen hatte ein Ende! Mein Mann und ich fanden unseren Platz in der Gemeinde und konnten uns richtig entfalten. Auch unser Französisch wurde täglich besser und eine wichtige Brücke zu den Herzen anderer Menschen.

Eines Abends rief uns meine Schwiegermutter an und schwärmte ganz freudig von der wunderschönen roten Blume. Ich musste mich erst einmal besinnen, von welcher Blume sie redete. Natürlich: die Amaryllis! Ich hatte sie völlig vergessen. Doch jetzt entzückte sie ihr Umfeld mit drei großen samtigen Blüten. Kurze Zeit später konnte ich sie bei einem Familienbesuch selbst bewundern und muss sagen: So eine kräftige Amaryllispflanze hatte ich noch nie gesehen!

Inzwischen sind wir seit über vier Jahren in Frankreich glücklich zu Hause. Wir haben hier Wurzeln geschlagen und können als junge Familie anderen etwas weitergeben. Wir sind nun Teil des Leiterteams einer großen Gemeinde in Paris und staunen über all das, an dem wir teilhaben dürfen.

Unsere Zeit in Italien erinnert mich an die Amaryllis: Die Zeit, in der ich mich nach gläubigen Freunden sehnte, brachte mich näher zu Gott und stärkte meine Wurzeln in ihm. Jetzt können meine Blüten meine Mitmenschen erfreuen. Verborgene Zeiten in der Stille sind wertvolle Reifezeiten für die Zukunft.

Lydia Bucci ist zweifache Mutter und Hausfrau und lebt in Frankreich.

Gott handelt spätestens pünktlich

Irina Ort

Uns als Familie mit drei Kindern ging es nahezu perfekt. Familie, Gemeinde und Freunde gehörten mit zu den Faktoren, die uns Zugehörigkeit, Annahme und auch eine tiefe Verwurzelung in Bielefeld gaben. Unser altes Haus, das wir gekauft und nach und nach saniert hatten, nahm immer mehr die Form an, die wir uns vorgestellt hatten.

Doch dann kam die Nachricht, dass der Bielefelder Standort der Firma, bei der mein Mann beschäftigt war, geschlossen wurde. Diesen Schock mit der damit verbundenen Existenzangst galt es erst einmal zu verarbeiten. Es eröffnete sich die Möglichkeit, mit dem Unternehmen nach Hamburg oder Mannheim umzuziehen. Die Alternative war der Gang zum Arbeitsamt. Als Alleinverdiener einer fünfköpfigen Familie war das Arbeitsamt die denkbar schlechteste Alternative.

Da mein Mann fachlich besser nach Mannheim passte, entschlossen wir uns schweren Herzens, dass er erst einmal vorübergehend dort arbeiten sollte. Das hatte zur Folge, dass wir ungewollt eine Wochenendbeziehung eingingen. „Höchstens für zwei Jahre", sagten wir uns.

Das erste Jahr war für uns alle sehr herausfordernd. Ich sah all die Aufgaben, die wir uns vorher geteilt hatten, auf mich allein zurollen. Möglichst viel davon versuchte ich wochentags zu bewältigen, denn das Wochenende war viel zu kurz und die Zeit zu schade, um Liegengebliebenes zu erledigen. Im Kindergarten und in der Schule dachten einige, dass ich alleinerziehend sei, denn mein Mann hatte ja nie die Möglichkeit, bei Elternabenden, Klassenfesten oder Kindergartenaktionen dabei zu sein. Und irgendwie war ich ja auch wirklich „alleinerziehend". Das zeigte sich deutlich daran, dass ich für die Kinder *die* Ansprechperson bei all ihren Fragen und Anliegen wurde – selbst dann, wenn mein Mann am Wochenende zu Hause war. Das wiederum war eine natürliche, aber keine gesunde Entwicklung für die Kinder.

Die Wochenendbeziehung zermürbte uns regelrecht. Deshalb fingen wir an, als Paar gemeinsam ein Buch zu lesen, das den Fokus darauf legte, wie man das Beste aus einer Wochenendbeziehung machen konnte. Der erste Abend nach der Rückkehr meines Mannes gehörte immer uns beiden. Es wurde zu einem Ritual, gemeinsam einen Spaziergang zu machen und die Zeit zu nutzen, um uns gegenseitig über alles auf dem Laufenden zu halten, was sich unter der Woche ereignet hatte und was uns beschäftigte.

Interessanterweise legte Gott uns beiden gerade in dieser herausfordernden Zeit aufs Herz, uns als Berater für Ehevorbereitung und -begleitung auszubilden. Der Besuch der Präsenzseminare am Wochenende sowie der persönliche Kontakt und Austausch mit den Seminarleitern über einen längeren Zeitraum führten dazu, dass wir in unserer Gemeinde die Ehepaar-Arbeit erweitern konnten. So bekamen junge Paare die Möglichkeit, präventiv in ihre Beziehung zu investieren. Dieses Angebot der Ehevorbereitung und -begleitung wurde gerne angenommen.

In der Zwischenzeit schickte mein Mann eine ganze Menge von Initiativbewerbungen an Firmen in der näheren Umgebung. Wir hofften sehr, dass sich eine Tür öffnen würde, doch es tat sich nichts. Den Gedanken, umzuziehen oder dauerhaft so weiterzumachen, wollten wir gar nicht erst zulassen.

Vier Jahre später bekam mein Mann die Gelegenheit, sich bei einer Firma in der Nähe von Bielefeld vorzustellen. Nach insgesamt drei anstrengenden Gesprächen bekam er die Zusage und wir atmeten auf. Unsere Freude war riesig! Mein Mann kündigte sein bisheriges Arbeitsverhältnis. Zum Abschied schenkten ihm seine Kollegen ein T-Shirt mit dem Aufdruck einer Landkarte. Sie zeigte die Entfernung von Bielefeld nach Mannheim. Darunter standen in fetten Buchstaben „Dein Weg zurück“ und die Unterschriften der Kollegen.

Kurz nachdem mein Mann in der neuen Firma begonnen hatte, entwickelte sich die Situation jedoch in eine völlig unvorhergesehene Richtung. Er war mehr und länger unterwegs als je zuvor. Wir fragten uns, was das Ganze solle. Gab Gott uns die Chance, alle Möglichkeiten auszuprobieren, um dann doch zu merken, dass das nicht unser Weg war? Mein Mann entschloss sich noch in der Probezeit, bei seiner ehemaligen Firma in Mannheim anzufragen, ob seine Stelle noch frei wäre und ob es die Möglichkeit gäbe zurückzukommen. Seine Stelle war in der Tat noch nicht besetzt, obwohl sie schon seit mehreren Monaten ausgeschrieben war. Noch am selben Tag, innerhalb weniger Stunden, bekam er einen neuen Arbeitsvertrag.

Nun führte ihn der Weg tatsächlich wieder zurück, wie das Abschiedsgeschenk seiner Kollegen angedeutet hatte. Wir freuten uns – und wussten gleichzeitig, dass jetzt ein Weg des Loslassens, Trauerns und Suchens vor uns lag. Die Stelle aus Jesaja

43, Vers 19 – „Siehe, ich will ein Neues schaffen, jetzt wächst es auf" (Luther) – bekam für mich eine enorme Bedeutung. In dem ganzen Ungewissen, das vor uns lag, hielt ich daran fest.

Die Suche nach einem neuen Zuhause, einer Gemeinde, der passenden Schule und alle noch viel kleineren Wünsche legten wir bewusst in Gottes Hand und erlebten wahre Wunder! So gut es ging, bezogen wir unsere Kinder in die Umzugsvorbereitungen ein. Am Wochenende fuhren wir immer wieder in die neue Region und besuchten verschiedene Gemeinden, schauten uns unterschiedliche Wohnorte an.

Als wir dann nach dem Besuch einer Gemeinde auf dem Nachhauseweg waren, zeigte Gott uns sehr deutlich, dass dies unsere Gemeinde werden sollte. Unabhängig voneinander spürten wir einen inneren Frieden. Somit konnten wir auf der Karte eine Stecknadel setzen. Nun suchten wir in der Nähe der Gemeinde nach Schulen und einem neuen Zuhause.

Unser Haus in Bielefeld war verkauft, und es stand fest, dass wir es im Juli räumen mussten. Es war April – und wir waren immer noch auf der Suche. Erneut verbrachten wir ein Wochenende am neuen Ort und gingen in unsere neue Gemeinde.

Wir erlebten auch an diesem Wochenende, dass Gott nie zu spät kommt, sondern spätestens pünktlich. Denn gerade an diesem Wochenende hängte eine Familie aus der Gemeinde ihre Anzeige ans Infobrett, auf der sie mitteilten, dass sie das eigene Haus vermieten wollten. Das Haus entsprach genau unseren Vorstellungen. Es passte einfach alles! Und in diesem Haus wohnen wir seit anderthalb Jahren. Dazu haben unsere drei Kinder einen Platz an einem Gymnasium bekommen, das sie mit dem Rad oder zu Fuß erreichen können.

Wir erleben immer wieder auf unterschiedliche Weise, dass es sich lohnt, Gott zu vertrauen. Gerade in Situationen, die uns unlogisch und unmöglich erscheinen, kann Gott Großes bewirken!

Irina Ort ist freiberuflich in der Seelsorge und Lebensberatung tätig.

Als meine jüngste Tochter vier Jahre alt war, hatte sie beim Spielen einen kleinen Unfall. Die Platzwunde musste in der Ambulanz genäht werden. Ihre Freundin fuhr mit ins Krankenhaus und setzte sich ohne Worte neben sie auf die Liege, als die Wunde versorgt wurde. „Mama, das war so lieb von ihr. Dadurch war ich nicht so allein", meinte meine Tochter später.

So einfach kann es sein. Da sein. Nähe schenken. Zuhören. Sich neben jemanden auf die Liege zu setzen erscheint uns vielleicht wenig. Kranken bedeutet es viel.

Ellen Nieswiodek-Martin

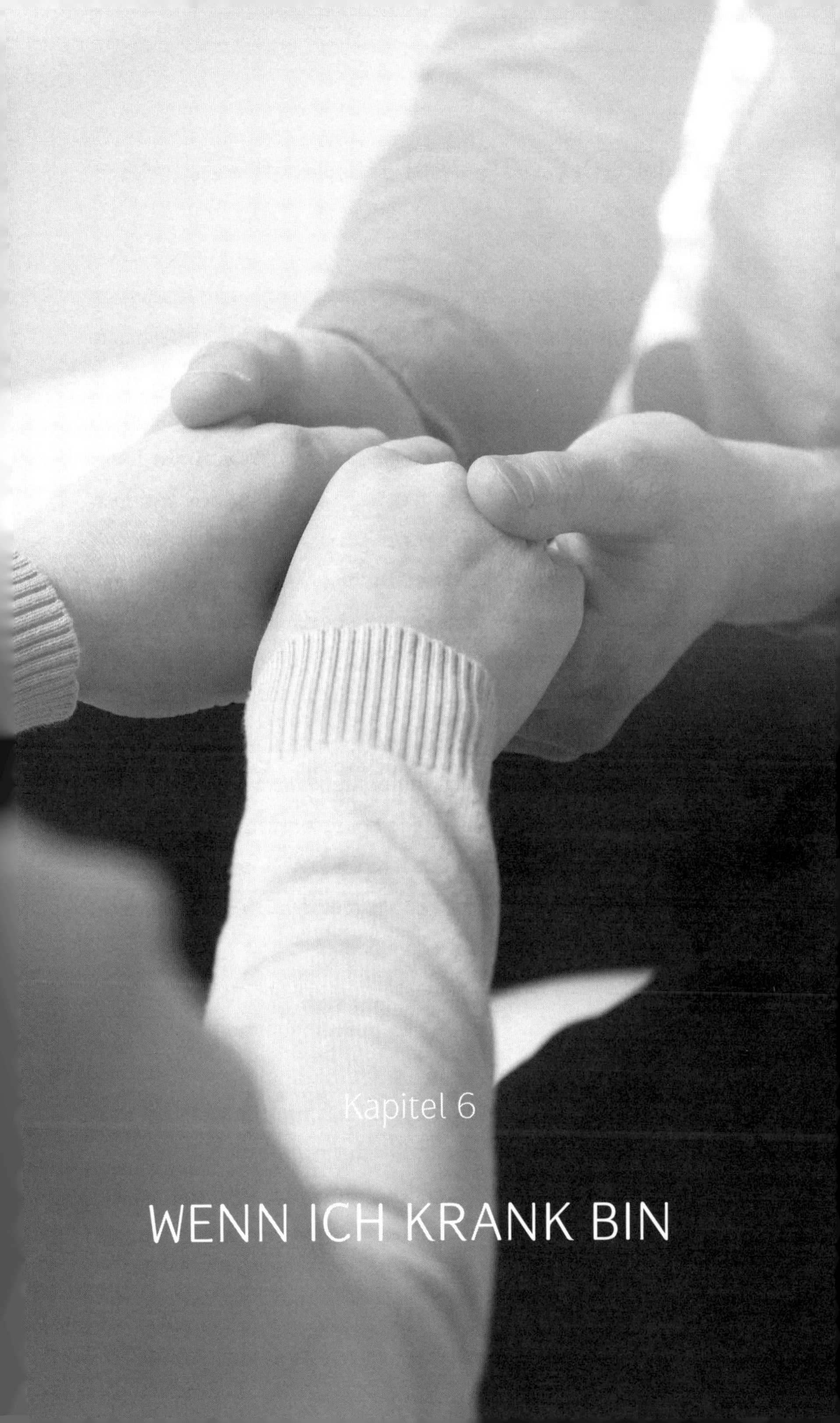

Kapitel 6

WENN ICH KRANK BIN

Wundertaten in stürmischen Zeiten

Daniela Hofheinz

So hatte ich mir den Silvesterabend nicht vorgestellt! Ich lag auf dem Sofa und wusste nicht, ob ich mich noch bis Mitternacht wach halten könnte. Aber es war mir auch nicht wichtig. Wenn es um Leben und Tod geht, verschieben sich die Prioritäten.

Zu Beginn der Adventszeit hatte ich die Diagnose Eierstockkrebs erhalten. Ich war gerade 32 Jahre alt geworden. Der Krebs wuchs schnell und hatte sich bereits im gesamten Bauchraum ausgebreitet. Mein Mann und ich hatten keine Zeit, diese Diagnose psychisch zu verarbeiten, da ich sofort operiert werden musste. Außer den Eierstöcken und der Gebärmutter wurde auch ein Stück vom Darm entfernt, auf dem der Tumor auflag. Faustgroße Tumorknollen hatten sich am Zwerchfell angelagert, unzählige Lymphknoten wurden entfernt. Wie in einer Waschmaschine hatten sich die bösartigen Zellen mit freier Flüssigkeit ausgebreitet. Noch vor Weihnachten begann die sechsmonatige Chemotherapie mit den üblichen Nebenwirkungen wie Haarausfall und Übelkeit.

Eine Krebsdiagnose ist ein Schock. Ich vergoss viele Tränen. Ich hatte mir immer eine Familie mit mehreren Kindern gewünscht. Jetzt feierte unser erster Sohn seinen ersten Geburtstag, während ich im Krankenhaus lag, und niemand konnte mir sagen, ob ich seinen zweiten Geburtstag erleben würde. Darüber hinaus hatten wir angefangen, ein Haus zu bauen, das sich noch im Rohbau befand. Mein Mann und ich standen nun vor der Entscheidung, ob wir dieses Haus verkaufen sollten. Plötzlich war es uns nicht mehr wichtig, ob wir in einer Mietwohnung oder in einem Eigenheim leben würden. Jetzt ging es erst einmal darum, dass ich diese Erkrankung überlebte!

Wir fühlten uns klein und unfähig, irgendetwas zu tun. Wir waren auf Gottes Eingreifen angewiesen. So wie ich im Glaubensbekenntnis bete: „Ich glaube an Gott, den Vater, den Allmächtigen", glaubte ich, dass Gott die Macht hatte, diese Krankheit zu besiegen. Wenn wir zurückblickten, stellten wir fest, dass Gott unser Leben in der Vergangenheit reich gesegnet hatte. Sollte ich ihm jetzt Vorwürfe machen und die Warum-Frage stellen? Ich wollte nicht zu einer Frau werden, die sich selbst bemitleidet, unzufrieden ist und ständig nur von ihrer Krankheit redet. Ich wollte alles von Gott, dem Allmächtigen, erwarten und meine ganze Hoffnung auf ihn setzen.

Am Abend der Diagnosestellung hatte ich ein besonderes Erlebnis mit Gott. Ich schlug meine Bibel auf, um ein tröstendes Wort zu finden. Ohne zu suchen, hatte ich Psalm 118 vor Augen, wo es heißt: „Ich werde nicht sterben, sondern leben und des Herrn Werke verkündigen. Der Herr züchtigt mich schwer; aber er gibt mich dem Tode nicht preis“ (Psalm 118,17–18; Luther). Was für eine Zusage! Gott sprach damit direkt in mein Herz. Wie froh war ich, einen gläubigen Ehemann zu haben, mit dem ich dieses Erlebnis teilen konnte.

In der Bibel heißt es: „Darum verlasst euch auf den Herrn immerdar; denn Gott der Herr ist ein Fels ewiglich“ (Jesaja 26,4; Luther). Unser Vertrauen in Gottes Hilfe und Macht war unser Fundament.

Nach der OP lebte ich im Dreimonatsrhythmus: alle drei Monate eine Untersuchung, Blutabnahme, Tumormarker-Bestimmung. Nach jeder befundfreien Untersuchung betete ich: „Danke, Gott, noch mal drei Monate leben!“ Dann wurden die Untersuchungen auf alle sechs Monate ausgedehnt. Später bat ich Gott, mich leben zu lassen, bis unser Sohn eingeschult würde.

Als ich das Haus wieder allein verlassen konnte, wurde ich häufig gefragt, wie es mir geht. Die Antwort darauf war nicht einfach. Zu sehr waren noch die Auswirkungen der großen Operation und der Chemotherapie zu spüren. Auf der anderen Seite war ich wirklich dankbar, am Leben zu sein und unseren kleinen Sohn aufwachsen sehen zu dürfen, ihm die Zeit und Liebe zu geben, die er brauchte.

Seit meiner Erkrankung bin ich körperlich und psychisch nicht mehr so belastbar wie früher. Aber ich bin dankbar für die letzten sechzehn Jahre seit meiner ersten Operation. Später kam noch eine zweite dazu. Sieben Jahre nach meiner Krebserkrankung zeigten sich bei mir neurologische Ausfälle, die sich relativ schnell verstärkten. Ich hatte Konzentrationsprobleme, meine Handschrift veränderte sich, es kamen Wortfindungsstörungen dazu und schließlich eine Halbseitenlähmung. Als ich zu meinem Hausarzt ging, hatte ich meine Symptome aufgeschrieben, weil ich mich nicht mehr ausdrücken konnte.

Es folgte eine Aufnahme in die Neurochirurgie, wo Untersuchungen ergaben, dass sich in meinem Gehirn eine Metastase gebildete hatte. Uns überfiel die Angst, dass der Krebs zurück wäre und sich im ganzen Körper ausgebreitet hatte. Doch es blieb, Gott sei Dank, bei dieser einen, gut operablen Metastase. Anschließend folgte eine mehrwöchige Bestrahlung des Gehirns. Für die zuständigen Ärzte war es nicht einfach, die richtige Strahlendosis festzulegen, da ich noch keine vierzig Jahre alt war und sie nicht zu viel Gewebe zerstören wollten. Wieder spürten wir unser eigenes Unvermögen, irgendetwas tun zu können. Ich vertraute mich den Ärzten an und legte alles in Gottes gute Hände.

Im Rückblick kann ich diesen schweren Zeiten auch positive Aspekte abgewinnen. Gott hat mir in diesen Stürmen Halt geschenkt und mein Leben und Denken in vielerlei Hinsicht geprägt. Wenn ich wieder von einer neuen Krebserkrankung höre, bin ich tief bestürzt. Aber ich habe mir vorgenommen, für andere ein treuer Beter zu sein – so wie viele Menschen für mich und meine Familie gebetet haben. Ich bin mir sicher: Gott hört Gebet!

Ich kann mit Menschen mitfühlen, die plötzlich eine Hiobsbotschaft übermittelt bekommen, weil ich es selbst erlebt habe. Die Zeit steht still, alles andere ist mit einem Schlag unwichtig: alle Pläne für die Zukunft, jeder Streit, die manchmal banalen Sorgen der Mitmenschen.

Ich habe gelernt zuzuhören, wenn andere mir ihre Sorgen anvertrauen, und möchte ihnen mit Gottes Hilfe Trost und Hoffnung spenden.

Unsere Ehe ist stabil, weil wir gemeinsam schwere Zeiten überstanden haben. Ich bin mir der großen Liebe meines Mannes bewusst, der diese schwere Zeit mit mir ausgehalten hat. Wir haben erlebt, dass es nicht selbstverständlich ist, zusammen alt zu werden. Für uns ist die gemeinsame Zeit kostbar, weil unsere Ehe beinahe nach vier Jahren vorbei gewesen wäre. Es hat einige Jahre gedauert anzunehmen, dass es für mich bei dem einen Kind bleiben wird. Alle Paare um uns herum schienen Kinder zu bekommen – aber eben nicht alle. Als ich mir das Leid der kinderlosen Paare bewusst machte, war ich glücklich über unseren einen gesunden Sohn.

Ich kann heute freier und selbstbewusster von meinem Glauben erzählen, weil ich Gottes Wundertaten erlebt habe. Er ist der wahre Heiland, der Körper und Seele heil machen kann.

Ich traue ihm alles zu. Mein Vertrauen in Gottes Allmacht ist noch größer geworden. Dank sei ihm dafür!

Daniela Hofheinz ist kaufmännische Angestellte.

Abschiedsschmerz und Neuanfang

Ilona Barthel

Krampfhaft versuche ich, mich zu orientieren. Mein Kopf ist wie ausgeschaltet. Wo bin ich? Um mich herum ist Bewegung und von Ferne höre ich meinen Namen. Vorsichtig versuche ich, die Augen zu öffnen. Ich nehme schemenhaft Menschen wahr, die an mir hantieren. Ärzte, Schwestern. Immer wieder überkommt mich große Müdigkeit und mein Denken entgleitet ins Nichts.

Ich versuche, wach zu bleiben, die Situation zu erfassen. Der helle Punkt zu meiner Rechten muss das Fenster sein. Ich erkenne die Umrisse eines Baumes, sein dichtes Blattwerk und die aufragenden Äste. Ich betrachte das Fensterkreuz, als hätte ich es noch nie zuvor gesehen. Ein Kreuz! Meine Augen ruhen darauf. Ich entspanne mich.

Eine Ärztin spricht mich an und meint, dass die Operation gelungen sei. Gelungen? Langsam tauche ich wie aus einem dichten Nebel auf. Erinnerungen stellen sich ein. Meine Brust musste amputiert werden, da sich nach drei Jahren erneut ein sehr aggressiver Tumor gebildet hatte.

Die letzten Wochen waren für meinen Mann und mich anstrengend gewesen. Erneut diese Diagnose, erneut Ungewissheit, erneut ungewisser Ausgang zwischen Leben und Tod. Ein Stück von mir wird es nach der Operation nicht mehr geben. Am Wochenende vor dem Eingriff darf ich das Krankenhaus noch einmal verlassen. Kraft schöpfen. Zeit mit meinem Mann und unseren Kindern verbringen. Und reden. Reden, über das, was mich fast zerreißt. Alles in mir setzt sich zur Wehr. Es ist ein Kampf, der in mir tobt. Ich bin so gerne Frau!

Mein Mann bringt mich am Sonntagabend zurück in die Klinik. Es ist ein schwerer Abschied. Wir wissen uns beide in Gottes Hand, aber … An diesem Abend bin ich noch lange wach. Ich spreche mit meinem himmlischen Vater über diesen Schmerz. In mir wird es still, und ich habe das Verlangen, einen Brief zu schreiben. Aufzuschreiben, was ich empfinde. Mechanisch suchen meine Hände im Schubfach des Nachttisches nach Stift und Papier. Ich spüre große Anspannung, Nervosität. Soll ich oder soll ich nicht? Ich muss! Es wird Schwerstarbeit. Mutig will ich es angehen, auch wenn meine Hände zittern. Mein Herz klopft unregelmäßig.

Draußen ist es inzwischen dunkel geworden, nur kleine

Lichter sind vereinzelt in der Ferne zu sehen. Ich öffne das Fenster und atme ruhig durch. Die kühle Luft nach einem heißen Sommertag tut gut. Eine Stadt geht schlafen. Leise Geräusche dringen an mein Ohr. Ich gehe zurück an mein Bett und versuche, mich zu konzentrieren. Das leere Blatt Papier liegt vor mir. Es soll ein Abschiedsbrief werden, nicht an das Leben, sondern an meine Brust. Zeit und Stunde sind ausgeblendet. Ich bin mit Gott allein. Ich spüre, wie mein Herz arbeitet. Langsam füllt sich die Seite …

Morgen wirst du von mir abgetrennt – unwiderruflich.
Immer wieder bösartige Tumore, die sich in dir festgesetzt haben.
Ich möchte leben und muss mich entscheiden.
Ich entscheide mich für das Leben!
Ich danke dir, dass ich all die Jahre meine Weiblichkeit leben konnte.
Ich habe mich an dir gefreut. Du hast meine Kinder ernährt, hast mir Wertgefühl gegeben.
Ich wurde geliebt und durfte lieben.
All das bleibt, nur du wirst mir fehlen.
Der Verlust ist noch nicht zu überschauen. Ein großer Verlust, ein tiefer Einschnitt.
Gott möge diese Narbe in meiner Seele und an meinem Körper heilen.
Ich bin so gerne Frau. Wie wird es werden ohne dich?
Mein Schmerz ist so groß.
Ich will ihn loslassen und dir, Herr, hinhalten.

Immer wieder, immer wieder ans Kreuz, bis du meine Seele heilst.
Ich habe dir meine Sache anbefohlen.

Ein hartes Stück Arbeit ist geschafft. Es ging an die Substanz, aber die Last ist leichter geworden. Ein erster Schritt ist gemacht. Ich sinke erschöpft auf mein von Tränen nasses Kopfkissen. Loslassen. Immer wieder neu. Es wird ein langer Prozess. „Herr, ohne dich wird es nicht gehen. Ich brauche deinen Trost. Nur mit dir werde ich den Schmerz verarbeiten können. Lass mir den Blick frei zu dir, Jesus."

Dieser Abschiedsbrief war für mich wichtig und heilsam zugleich. Ich wollte diesen Teil meines Lebens annehmen lernen und habe dabei erfahren, von Gott geliebt und wertgeschätzt zu sein. Diese Nacht werde ich wohl nicht vergessen.

Inzwischen sind einige Jahre vergangen. Am Anfang habe ich diesen Brief öfter gelesen. Heute, nach vielen Jahren, brauche ich das nicht mehr. Ich kann mich annehmen, wie ich bin. Ich freue mich an meinem Körper. Ich weiß, dieser schwere Abschnitt meines Lebens gehört zu mir. In mir ist Dankbarkeit. Ich bin gerne Frau!

Ilona Barthel ist nach ihrer Tätigkeit in der Behindertenhilfe im Ruhestand.

Mein Plan für dich heißt Leben!

Valerie Lill

Diagnose Krebs. Mein geliebter Mann nimmt die Informationen konzentriert entgegen. Ich bin auch tapfer – nach außen hin. Aber in mir drin schreit und heult es. Ich will weg aus dieser Praxis, weg von diesem einfühlsamen Arzt, weg aus diesem Albtraum! Als wir endlich aus dem dämmrigen Behandlungszimmer in die warme Frühlingsluft treten, halten wir uns aneinander fest.

Zu Hause ist so viel zu erledigen. Wir rufen Freunde und Familie an, holen Informationen ein. Die Kinder nehmen die Nachricht sehr unterschiedlich auf. Während der eine direkt in Tränen ausbricht, versinkt der andere in unerreichbares Schweigen. Der Dritte fängt hektisch an, Leute zu informieren, die für seinen Vater beten sollen. Was uns alle verbindet, ist die Musik. Sehr laut und sehr intensiv singen unsere Kids am Abend in unserem Wohnzimmer. Zu zweit stehlen wir uns hinaus. Wir gehen ganz langsam – wie ein altes Ehepaar. Weil wir so müde sind. Einander festhaltend. Endlich zu „unserer Bank“, endlich weinen, endlich beten, endlich klagen, zagen, fragen.

Am nächsten Morgen erwache ich mit dem Gefühl, schlecht geträumt zu haben. An solchen Tagen brauche ich immer eine Weile, um dieses Gefühl abzuschütteln. Aber dieses Mal ist es die Wirklichkeit, die sich nicht verscheuchen lässt: Mein Mann hat Prostatakrebs und muss sich in naher Zukunft operieren lassen. Erst danach kann man über die weitere Behandlung entscheiden. Da ich Krankenpflege gelernt habe, weiß ich, was das für ihn bedeuten kann. Ich weiß eindeutig zu viel! In meinem Kopf überschlagen sich die Ängste und Sorgen.

Auf einer Autofahrt kommen mir wieder einmal die Tränen, und trotzig wie ein Kind frage ich Gott, ob er nicht mal einen kleinen Trost für mich hätte, den könnte ich nämlich gut gebrauchen. Prompt höre ich in meinem Herzen seine Antwort:

„Ich ebne deinen Füßen einen Weg. Ich lasse Flüsse durch vertrocknetes Land fließen! Ich mache meine Verheißungen wahr. Du wirst sehen, wie aus einem Rinnsal ein großer und starker Fluss wird, der neues Leben und neue Freude bringt. Erinnere mich bitte an dieses Versprechen! Ich werde es einlösen."

Ich erzähle meinem Mann von dieser seltsamen Verheißung, schreibe sie auf und lege sie auf sein Kopfkissen. Von diesem Tag an bis zum Ende des Jahres findet er dort an jedem Abend einige Sätze, mit denen unser himmlischer Vater uns ermutigt, oder ein Gebet, das ich für ihn aufgeschrieben habe. Bei längeren Krankenhausaufenthalten oder in der Reha bekommt er einen ganzen Stapel dieser „Himmelsbriefe", damit er an jedem Abend einen öffnen kann, auch wenn ich nicht da bin. Und dann reden wir am Telefon darüber. Wie oft fließen dabei Tränen – nicht selten auch Freudentränen. Wir erleben eine Nähe zueinander und zu unserem himmlischen Vater, die wir so vorher nicht kannten.

Bei allen Ärzten werden wir sehr freundlich und zuvorkommend behandelt. Mein Mann erlangt traurige Berühmtheit.

Ein Arzt bringt es mit dem fast vorwurfsvollen Satz auf den Punkt: „Aber er ist doch definitiv viel zu jung dafür!" Ja, das finden wir auch. Dennoch, es ist so.

Die Männer in unserem Freundes- und Familienkreis sowie die Arbeitskollegen verhalten sich solidarisch, aber vorsichtig. Das Thema ist unglaublich angstbesetzt – ein Tabu. Krebs ist schlimm genug, aber dann noch an der Prostata! Das trifft den Mann an der empfindlichsten Stelle. Man wagt nicht weiterzufragen, will niemandem zu nahe treten. In gewisser Hinsicht ist das gut so, denn wer will schon vor jedermann diese Fragen diskutieren? Einige mutige Menschen aus der Gemeinde und Freunde begeben sich dennoch aufs Glatteis. Sie sind es auch, die uns während der ganzen Zeit intensiv begleiten.

Neben den vielen Dingen, die erledigt werden müssen, nehmen wir zwei uns viele Auszeiten: gehen hinaus, beten und reden uns alles vom Herzen.

Nach der ersten Woche wird der Ausnahmezustand langsam normal. Während mein Mann sehr gefasst ist, erlebe ich ein dunkles Meer von Traurigkeit und Ohnmacht. In Gedanken spiele ich den „schlimmsten Fall" durch und erlebe in diesen Tagalbträumen, dass Gott mich dennoch hindurchretten wird.

Am Wochenende sind alle unsere Kinder unterwegs. Wir haben viel Zeit zum Spazierengehen, Reden und Teetrinken. Unsere Zärtlichkeit hat sich verändert: sehr im Hier und Jetzt, fast ein bisschen zaghaft, dann wieder verzweifelt traurig. Wer weiß, was morgen ist? Aber wer weiß das überhaupt?!

Schmerzlich wird mir bewusst, dass ich so gelebt habe, als wäre alles unendlich vorhanden: Zeit, Kraft, Liebe. Nun muss ich feststellen, dass vieles endlich ist. Ich betrauere vor allem meine Unbekümmertheit, mit der ich bis vor ein paar Tagen vieles als selbstverständlich hingenommen habe.

Der OP-Termin rückt näher und mit ihm auch wieder die drohenden Gedanken. Ich will mir nicht vorstellen, meinen so starken, unversehrten Mann bald so schwach zu sehen. Diese Vorstellung bereitet mir fast körperliche Schmerzen. Wenn die letzten Wochen irgendetwas gebracht haben, dann die Erkenntnis, wie sehr ich diesen Mann liebe! Und ich denke da gar nicht an das Besondere, sondern einfach an unseren Alltag. Ich möchte mein Leben mit ihm teilen, morgens an seiner Seite aufwachen und abends genau dort wieder einschlafen.

Wir haben beschlossen, die letzten Tage zu genießen und ganz bewusst aus Gottes Hand zu nehmen. Das gelingt mal mehr und oft weniger gut. Es ist gar nicht so einfach, das Heute zu leben, wenn das Morgen ungewiss ist. Aber wir halten zusammen, und, was noch schöner ist: Wir erleben, dass wir zusammen gehalten werden!

Der OP-Tag ist sonnig und warm, und ich verbringe die Stunden des Wartens draußen im Krankenhausgarten, ganz in der Nähe des OP-Bereiches. Ich bin im Gegensatz zu meinem Naturell ruhig, fast unbeschwert. Ich lese in der Bibel, schreibe und bete. Ich sehe im Gebet Jesus am Operationstisch, wie er direkt neben meinem Mann steht und ihm die Haare aus der verschwitzten Stirn streicht. Die ganze Zeit ist er bei ihm.

Seinen wachsamen Augen entgeht nichts. Als ich endlich zu meinem Mann gelassen werde, ist er schon ziemlich wach und sehr erleichtert. Er weint – vor Dankbarkeit. „Weißt du, was ich in Gedanken die ganze Zeit gesungen habe?", fragt er mich. „‚Vergiss nicht zu danken dem ewigen Gott, er hat dir viel Gutes getan!'"

Zwei Tage später kommt dann die erlösende Nachricht: Der Krebs wurde „im Gesunden" entfernt! Das bedeutet, er ist nicht über die Organränder hinweggewachsen, und die Lymphknoten sind nicht befallen. Allerdings war es, wie man so sagt, „allerhöchste Eisenbahn". Der Chefarzt war erschrocken, wie bösartig die Zellen waren, die untersucht wurden. Jede Woche Verzögerung wäre möglicherweise eine Woche zu spät gewesen!

In den folgenden Monaten gewinnt mein Mann langsam seine frühere Kraft zurück. Unsere Liebesbeziehung wächst weiter. Es ist nichts mehr wie vor der OP, aber es ist auch nicht alles schlechter. Manchmal sind wir frustriert und fragen uns: „Wird das je wieder anders werden?" Nie haben wir so viel über uns und unsere Wünsche und Sehnsüchte geredet wie in jenem Jahr. Nie haben wir uns dem anderen gegenüber so verletzlich und bedürftig gezeigt.

Wichtig ist mir, dass wir im Alltag nicht wieder da landen, wo wir vor der Diagnose waren: bei dem Gefühl, dass wir unser

Leben in der Hand haben, dass alles unendlich vorhanden ist und dass Termine wichtiger sind als Beziehungen. Denn inzwischen müssten wir es besser wissen!

Valerie Lill ist verheiratet mit Rüdiger und Mutter von drei Söhnen. Sie ist Musikerin, Komponistin und Autorin.

Wir beteten wie nie zuvor

Elina Wiebe

Unmengen von Gedanken schossen mir durch den Kopf, als ich auf dem OP-Tisch lag. Es musste ein Notkaiserschnitt gemacht werden, der das Leben unserer Tochter retten sollte. Ihre Herztöne waren sehr schwach, eine normale Geburt war undenkbar.

Angst und Verwirrung machten sich in mir breit. Wie hatte es zu diesen Komplikationen kommen können? Ich hatte eine wunderschöne, unkomplizierte Schwangerschaft gehabt. Wir hatten das Krankenhaus, in dem ich unsere Tochter Stella zur Welt bringen wollte, sorgfältig ausgesucht. Gerade waren wir mit Vorfreude und Wehen dort angekommen, und nun lag ich hier, wie betäubt von den sich überschlagenden Ereignissen.

Mein Mann nahm meine Hand. Ich war dankbar für seine Gegenwart. Gemeinsam flehten wir Gott an, einzugreifen und uns Kraft zu schenken. Alles ging sehr schnell. Die Schwester stürmte mit unserer Tochter auf dem Arm hinaus und wir schauten uns bestürzt an. Wir hatten kein Babygeschrei gehört. Minuten später riefen sie meinen Mann. Ich ahnte Böses.

Doch da kam mir ein Lied in den Sinn: „Jesus Christus ist der Sieger über Tod und Teufel, darum preis ich ihn …" Es drängte mich förmlich, dieses Lied zu singen. So summte ich es leise vor mich hin. Immer und immer wieder.

Ich spürte, wie Ruhe mich durchströmte. Gottes Gegenwart war mir bewusster denn je. Die Gewissheit, dass er da war und alles gut werden würde, gab mir eine unerklärliche Gelassenheit.

Da traten auch schon mein Mann und die Schwester zu mir, mit unserer Tochter auf dem Arm. Sie lebte!

Sie hielten mir Stella hin. Tränen der Dankbarkeit rannen über mein Gesicht, als ich ihr einen Kuss auf die winzige Wange drückte.

Jesus ist Sieger über den Tod, das durfte ich erleben. Im Nachhinein stellte sich heraus, dass die Plazenta vermutlich versagt hatte und Stella eine Zeit lang nicht richtig versorgt gewesen war. Ihr pH-Wert glich bereits dem eines tot geborenen Babys. Und doch lebte sie!

Noch ahnten wir nicht, was in den folgenden Wochen auf uns zukommen würde.

Unser Glaube und unser Vertrauen auf Gott wurden auf eine harte Probe gestellt, doch er enttäuschte uns nicht. Ich kam oft an meine Grenzen und durfte erleben, wie Gott mich über sie hinaustrug. Er schenkte mir immer wieder Kraft, von der ich wusste, dass ich sie niemals hätte selbst aufbringen können.

Stella war sehr schwach und zierlich. Schnell stellte sich heraus, dass vieles bei ihr nicht in Ordnung war. So wurde sie mit dem Krankenwagen zur Intensivstation einer anderen Klinik gebracht. Ich konnte nicht mit und musste mich nach nur einer Stunde im Kreißsaal von ihr verabschieden. Wir waren eine endlos lange Woche getrennt, was mir fast das Herz zerriss. Hinzu kam die Sorge um ihren Zustand, denn fast täglich fanden die Ärzte etwas Neues, das behandelt werden musste.

Ihr Blutzuckerspiegel war sehr niedrig, sie brauchte Antibiotika wegen einer Entzündung im Körper, sie benötigte Atemhilfe und musste über eine Sonde ernährt werden. Dann wurde in ihrem Herzen ein Loch an einer Stelle entdeckt, die nur selten von allein zuwächst.

In den darauffolgenden Wochen kam der Verdacht auf, dass ich in der Schwangerschaft eine Röteln-Infektion gehabt hatte. Ein erster Labortest von Stella auf Röteln war positiv.

Alles schien so hoffnungslos.

Die Ärzte schürten unsere Angst durch eine Reihe von Befürchtungen und Prognosen darüber, welche Folgen das alles für Stella haben könnte. Sie machten uns behutsam klar, dass sie mit großer Wahrscheinlichkeit Behinderungen davontragen würde.

Die Angst vor der ungewissen Zukunft wollte mir den Boden unter den Füßen wegziehen. Ich musste an Petrus denken, wie Jesus ihn aufforderte, auf dem tosenden See zu ihm zu kommen und den Blick auf ihn zu richten. Genau wie Petrus ließ ich mich dazu verleiten, auf die Probleme zu schauen. Doch sobald ich auf Jesus sah, auf seine Kraft und seine Möglichkeiten, spürte ich eine Leichtigkeit in mir, die mich beschwingt über meinen eigenen tosenden See laufen ließ.

Ich brachte Gott alles, was mich beschwerte, und er befreite mich von der lähmenden Angst. Mir wurde klar, dass Gott Stella ja gemacht und ihr Leben erhalten hatte. Er stand über den Ärzten und den Prognosen.

So beteten mein Mann und ich wie noch nie zuvor. Es tröstete uns ungemein, dass so viele Menschen ebenfalls unsere Anliegen vor Gott brachten. Ich hörte auch von vielen Kindern, die für Stella beteten, was mich sehr rührte.

Was dann geschah, war unbeschreiblich. Gott erhörte unsere Gebete eines nach dem anderen und wir erlebten wahre Wunder. Manchmal antwortete er prompt, manchmal lehrte er uns Geduld. Doch immer schenkte er Trost und die Gewissheit, dass er die Kontrolle hatte und nicht von unserer Seite wich. Er tröstete mich mit Bibelversen und Umarmungen der Mitbetenden. Und vor allem mit überwältigenden Wendungen.

Um das Ergebnis der Röteln-Infektion zu bestätigen, wurden mein Blut und das von Stella in einem anderen Labor gegengetestet. Und siehe da: Wir waren plötzlich beide negativ! Alle Befürchtungen hinsichtlich einer Behinderung verflüchtigten sich. Stella ging es mit jedem Tag besser. Sie nahm immer mehr an Gewicht zu und erfreute uns mit ihrem klaren Blick und einem munteren Strampeln. Ein Schlauch nach dem anderen durfte weg.

Wir priesen Gott und staunten über sein Eingreifen.

Nach wochenlangem Krankenhausaufenthalt sehnte ich mich danach, mit Stella nach Hause zu dürfen. Es gab nur noch eine Sache, die dem im Wege stand, und das war ihre Trinkschwäche. Sie tat sich so schwer damit, gerade mal zwanzig Milliliter zu trinken. Von den notwendigen siebzig Millilitern war sie weit entfernt. Der Arzt bereitete mich darauf vor, dass Stella mit Sonde nach Hause müsste. Das wollte ich nicht hinnehmen und brachte das Anliegen vor Gott. Nach allem, was er getan hatte, wusste ich, dass es für ihn eine Kleinigkeit wäre. Und tatsächlich, in einer Nacht trank sie von jetzt auf gleich die vorgeschriebene Menge und seitdem schaffte sie es fast jedes Mal! Endlich durften wir nach Hause.

Inzwischen ist Stella drei Monate alt. Jeden Tag danke ich Gott dafür, dass er sie uns geschenkt hat. Und auch dafür, wie er es getan hat, denn diese Zeit hat mich ihm nähergebracht. Begriffe wie „Gottvertrauen“, „Glaube“ und „Hoffnung“, die ich bisher als Christin wie selbstverständlich gebraucht habe, haben für mich eine neue Tiefe bekommen. Gott hat mich herausgefordert auszuleben, was ich glaube.

Das Loch in Stellas Herzen ist, entgegen allen Prognosen, schon fast vollständig mit Gewebe bedeckt. Es geht ihr sehr gut und es machen sich keine Negativfolgen bemerkbar. Die Ärzte wundern sich über ihren guten Zustand. Doch ich wundere mich nicht mehr, denn schließlich ist bei Gott nichts unmöglich.

Elina Wiebe ist Verkäuferin und Mutter.

Doppelt und dreifach geschenkt

Hanna Katharina Bruch

Es war ein ganz normaler Sonntag, so wie jeder Sonntag in den vergangenen sechs Wochen, seit wir unseren Sohn Samuel aus Gottes Hand geschenkt bekommen hatten. Mein Mann war in die Gemeinde gefahren und ich saß stillend mit meinem Kind auf dem Sofa. Doch dieser Sonntag sollte der bisher schlimmste Tag in meinem Leben werden.

Nachdem mein Kleiner satt war, wollte ich ihm seine Fluortablette geben. Dies tat ich, wie ich es in den vergangenen Wochen immer getan hatte: Tablette in den Mund und aus einem Wasserfläschchen nachtrinken lassen. Samuel schluckte und ich lobte ihn. Dann sah ich plötzlich, dass mein Kind nicht mehr reagierte und um den Mund herum blau anlief. Ich drehte ihn sofort um und klopfte ihm auf den Rücken. Inzwischen war schon sein ganzer Kopf bis in den Nacken hinunter blau angelaufen. Es ging so schnell!

Mit dem Kind auf dem Arm rannte ich zu meiner Nachbarin. Sie hatte ein älteres Kind, und ich dachte, vielleicht wüsste sie, was zu tun sei. „Ruf den Notarzt!“, rief sie. Auf die Idee war ich noch gar nicht gekommen. Ich stand so unter Schock. Der Mann am Telefon meinte, mehr könnten wir im Moment nicht für meinen Sohn tun, wir müssten auf den Krankenwagen warten. Nachdem ich aufgelegt hatte, rief ich zu Gott, dass er mir mein Kind doch gerade erst geschenkt hatte und es mir doch noch lassen möge. Was die Nachbarin sich dabei dachte, war mir völlig egal. Ich hatte Angst, mein Kind würde in meinen Armen sterben.

Doch Gott erhörte mein Gebet und der Kleine fing an zu husten. Da wusste ich, dass er irgendwie wieder Luft bekommen hatte. Diese Gebetserhörung war, als hätte ich Samuel ein zweites Mal geschenkt bekommen. Doch beim Husten tropfte Blut aus Mund und Nase. Der Krankenwagen kam innerhalb kürzester Zeit, dann standen viele Sanitäter und der Notarzt in unserem kleinen Wohnzimmer. Sie waren in der Annahme gekommen, unseren Jungen wiederbeleben zu müssen. Doch Gott sei Dank konnte Samuel inzwischen wieder selbstständig atmen.

Weil er Blut gespuckt hatte, fuhren wir zur Abklärung mit

dem Rettungswagen ins Krankenhaus. Dort wurden wir erst einmal auf die normale Kinderstation gebracht. Nachdem ein Arzt ihn sich angesehen hatte, wurde er an ein Sauerstoff- und Blutdrucküberwachungsgerät angeschlossen. Mein Mann war ebenfalls inzwischen eingetroffen. Zusammen warteten wir darauf, was die Ärzte sagen würden. Weil Samuels Werte sich verschlechterten, wurde er auf die Intensivstation verlegt. Ein Röntgenbild der Lunge zeigte, dass seine Lunge und sein Magen voller Blut und Flüssigkeit waren. Samuel bekam Antibiotika gegen Lungenentzündung, das Blut und die Flüssigkeit wurden abgesaugt. Es war klar, dass Samuel länger in der Klinik bleiben musste. Mein Baby mit Schläuchen in Mund und Nase und drei Zugängen am Kopf! Wir durften ihn kaum berühren und auch nicht auf den Arm nehmen. Wir saßen hilflos daneben und konnten nichts tun.

Gott hatte mein Kind nicht in meinen Armen sterben lassen. Konnte es sein Wille sein, dass er nun auf der Intensivstation nicht durchkam? Ich war am Ende meiner Kräfte. Da ich Samuel wegen des Blutes im Magen nicht mehr stillen durfte, war ich in der Klinik mit Milch-Abpumpen beschäftigt, was mich noch zusätzlich fertigmachte. Aber inzwischen beteten viele Menschen für Samuel und so wusste ich: Trotz dieser schrecklichen Situation ist alles in Gottes Hand.

Zwei Tage nachdem unser Sohn ins Krankenhaus gekommen war, sagte endlich eine Ärztin zu mir: „Der Kleine wird es schaffen. Wie lange es dauert, bleibt abzuwarten." Da wurde mir mein Kind zum dritten Mal geschenkt.

Samuel hatte bis dahin keine Nahrung zu sich genommen. Aber da seine Werte stabil waren, durften wir langsam anfangen, ihm Wasser und ein bisschen Tee zu geben. Als er die Flüssigkeit bei sich behielt, konnte ich ihn endlich wieder auf dem Arm halten. Das war ein unglaubliches Gefühl, das ich gar nicht beschreiben kann! Zur weiteren Beobachtung kam der Kleine dann auf die Babystation. Dort gab es die ersten kleinen Mengen an Milchnahrung.

Meine Muttermilch war aufgrund des Schocks fast völlig zurückgegangen. Deshalb mussten wir mit dem Fläschchen zufüttern. Diese Situation dauerte zwei Wochen an. Ich wollte mein Kind so gerne stillen, also mühte ich mich weiter mit der Milchpumpe ab, auch wenn dabei nicht viel herauskam. Aber Gott hatte mich nicht vergessen und mir genau die richtige Freundin zur Seite gestellt: Sie hatte selbst ihre beiden Mädchen gestillt und machte mir immer wieder Mut, dass das Stillen wieder klappen würde, wenn ich zu Hause im gewohnten Umfeld sei.

Am Ende der zwei Wochen wurde noch einmal ein Röntgenbild von Samuels Lunge gemacht. Zur Überraschung der Ärzte war diese ganz frei von Flüssigkeit, so als ob es nie anders gewesen wäre. Daraufhin durfte ich mein Kind mit nach Hause nehmen. Es war völlig gesund. Was für ein Geschenk! Zu Hause legte ich den Kleinen an die Brust, sooft er weinte, was die Milchmenge stetig ansteigen ließ. So konnte ich Samuel mit viel Ruhe und Geduld sowie dem aufmunternden Zuspruch meiner Freundin bald wieder voll stillen.

Kapitel 7

WENN ICH MICH EINSAM FÜHLE

Die 19-Jahre-Liebesgeschichte

Anita Bosch

„Herr, welchen Mann soll ich heiraten?" Dieses Gebet begleitete mich viele Jahre lang. Manchmal fragte ich mich auch: „Werde ich überhaupt je heiraten?", denn es war weit und breit kein potenzieller Ehemann in Sicht.

Je älter ich wurde, desto mehr häuften sich Fragen und Sticheleien. Aber ich hatte meine eigenen Vorstellungen und Prinzipien, denen ich treu bleiben wollte. Ich wollte einen Mann, der mit ganzem Herzen Jesus nachfolgte und dem der Glaube an Gott wichtig war. Meine Wunschvorstellung war, gemeinsam als Ehepaar für Gott zu arbeiten. Oft fragte ich Gott, wer der Richtige sei oder ob es überhaupt jemanden für mich gäbe. Doch Gott schien immer nur „Nein" oder „Warte" zu sagen. Das Einzige, das sich änderte, war mein Alter. Sonst passierte lange nichts. Wie gut, dass ich mit 14, 18, 25, 29 oder 32 Jahren nicht wusste, wie lange ich würde warten müssen!

Doch vor sechs Jahren begannen interessante Dinge zu passieren. Eines Morgens begrüßte mich eine Kollegin mit den Worten: „Anita, ich habe heute Nacht geträumt, dass du einen alten Bekannten geheiratet hast!" Wie soll man mit so etwas umgehen? Während andere Kollegen Witze darüber machten, ratterte es in meinem Kopf, welche alten Bekannten es in meinem

Umfeld gab. Ich nahm ihre Worte nicht wirklich ernst, dachte aber doch darüber nach.

Wenige Monate später klingelte mein Telefon. Völlig unerwartet war mein Pastor am anderen Ende der Leitung: „Anita, ich kenne da einen jungen Mann, den du mal treffen könntest.“ Prinzipiell halte ich nichts von Verkupplungsaktionen, aber wenn der Pastor anruft … War das vielleicht die Antwort auf die vielen Gebete? Völlig untypisch für mich sagte ich zu und ließ mich auf ein Blind Date ein. Zwei Treffen mit diesem Mann lösten sehr viele Fragen und Unsicherheiten in mir aus. Deshalb „betete ich ohne Unterlass“, wie es in der Bibel heißt, um Weisheit. Plötzlich, während ich mein Badezimmer putzte, hatte ich den sehr klaren und deutlichen Satz im Kopf: „Anita, lass das sein! Es ist falsch. Es ist Matthias.“

Etwas geschockt ließ ich den Putzschwamm fallen und bestürmte Gott mit Fragen. Schnell überlegte ich, wie viele Männer namens Matthias ich kannte. Mir fiel nur einer ein: ein langjähriger Freund aus der Teeniezeit, der drei Jahre jünger war, als Missionar auf einem Schiff ein völlig anderes Leben führte als ich und sich etwa 10 000 Kilometer von Deutschland entfernt befand. Aha! Wie sollte das denn bitte funktionieren? Viele Argumente sprachen dagegen. Das Ergebnis war: Aus dem Blind Date wurde nichts, aber der Vorschlag von Gott schien mir genauso unmöglich.

Matthias und ich kannten uns seit über 18 Jahren, sahen uns in diesem Zeitraum aber nur viermal, da ich in Nord- und er in Süddeutschland wohnte. In all den Jahren waren wir freundschaftlich per Post, später dann per E-Mail in Kontakt. Doch kurz nach dem Vorfall im Badezimmer erhielt ich das erste Mal einen Anruf von ihm. Telefonieren mit Freunden und Bekannten ist nichts Außergewöhnliches, in diesem Fall beunruhigte es mich jedoch etwas. Am Ende des Gesprächs meinte er: „Jetzt haben wir so lange geredet, darf ich noch für dich beten?“ Wow! Ich muss zugeben, dass mich das beeindruckte. Dennoch sagte ich später zu Gott, dass ich mir eine Beziehung mit Matthias nicht vorstellen könnte. Schließlich würde das eine drastische Veränderung in meinem Leben bedeuten. Mein Fazit: Ich mache da gar nichts – absolut nichts!

Wieder einige Monate später schickte Matthias einen Rundbrief, in dem er verkündete, dass er sich für einen weiteren Zweijahreseinsatz auf dem Schiff entschieden hatte. Ich las diese Worte mit großer Erleichterung, denn die „Gefahr“ war somit weit weg. Wahrscheinlich hatte ich mir alles sowieso nur eingebildet … Ich nahm mir vor, nicht mehr über diese Geschichte nachzudenken. Mein Vorhaben war allerdings nicht erfolgreich, denn während der nächsten drei Tage bekam ich Post. Von Matthias. Zuerst ein Päckchen, das einige Wochen unterwegs gewesen war, dann eine Postkarte zu Ostern und einen Tag später eine E-Mail. Na wunderbar!

Wieder einige Wochen später kam eine neue Nachricht von ihm: „Liebe Freunde, meine Pläne haben sich geändert. Ich werde später ausreisen als gedacht und im Heimatbüro in Deutschland aushelfen." Bei dieser E-Mail wurde mir mulmig zumute. Und ich war kaum überrascht, als Matthias mich kurz darauf fragte, ob wir uns nicht mal wieder treffen wollten.

Langsam wurde mir die Sache zu heiß. Trotzdem sagte ich einem Treffen zu. Um mein Statement „Ich mache gar nichts!" zu unterstreichen, verzichtete ich bei diesem Treffen auf jegliche Schminke, kleidete mich eher schlicht, betonte den ganzen Tag, wie gut es mir bei der Arbeit ging und dass ich Schiffe nicht leiden könnte.

Wir verbrachten einen netten Tag zusammen und unterhielten uns bis zum Abend. Während des Gesprächs kam mir blitzartig eine Frage in den Kopf, die ich unüberlegt aussprach: „Wie bist du als Single eigentlich mit all den hübschen jungen Frauen an Bord umgegangen?"

Zuerst etwas erstaunt über meine Frage, fing er doch an, offen zu erzählen. Plötzlich wurde er still. „Matthias? Ist alles okay?" Ich merkte, etwas stimmte nicht. Im gleichen Moment wurde ich ganz ruhig, spürte aber eine gewaltige Spannung in der Luft. Ich sah, wie er tief Luft holte, sein Körper sich anspannte und er intensiv nachdachte. Der Arme saß mir eine ganze Weile schweigend gegenüber und kämpfte mit sich: *Sag ich etwas zu Anita oder nicht? Eine gute alte Freundschaft steht auf dem Spiel! Wie wird sie reagieren?* Diese Ungewissheit erschwerte die Situation für ihn. Dann aber gab er sich einen Ruck und spannte den Bogen von seinen Erfahrungen als Single an Bord zu unserer Freundschaft.

Er erzählte: „Als ich dich vor drei Jahren besuchte und wir im Gottesdienst waren, hatte ich eine für mich einzigartige Erfahrung. Es war, als ob sich deine und meine Seele verbanden und wir gemeinsam Gott anbeteten. Das war so besonders, dass ich Gott fragte: ‚Herr, willst du mir etwas sagen?' Danach fing ich an, für dich und uns zu beten. Ich fragte Gott, ob er einen Plan für uns hätte. Dir sagte ich nichts davon. Zwischen den Zeilen wollte ich in E-Mails heraushören, wie du zu mir stehst oder welche Pläne du für dein Leben hast. Aber ich konnte nichts herausfinden."

Zwischen dem Traum meiner Kollegin und diesem Bekenntnis lagen mehr als zwei Jahre. Plötzlich stand mir so viel Realität gegenüber – von Einbildung keine Spur mehr. Ich spürte einen tiefen Frieden und antwortete: „Matthias, ich glaube, da hat Gott schon etwas vorbereitet!" Meine Reaktion haute ihn vom Hocker, denn in all den Jahren hatte es nicht den kleinsten Hinweis von mir gegeben. Er war über den Verlauf dieses Abends selbst überrascht.

So arbeitete Gott unabhängig an meinem Herzen und sprach auch zu Matthias. Er bereitete uns aufeinander vor, auch wenn wir Tausende Kilometer voneinander entfernt lebten.

Dieser Abend war der Anfang einer spannenden Geschichte,

in der Gott noch viele andere Türen öffnete und mein Leben auf den Kopf stellte, wo aber auch viele Kämpfe, Zweifel und Herausforderungen ihren Platz hatten.

Ist Gott nicht ein wunderbarer Organisator? Wer hätte je gedacht, dass ich als Fünfzehnjährige auf einer Familienfreizeit, zu der ich eigentlich nicht wollte, meinen zukünftigen Mann treffen würde – auch wenn erst 19 Jahre später eine Liebesgeschichte daraus entstand? Wir mussten uns als Teenies treffen, weil sich unsere Wege sonst nie gekreuzt hätten. Und Gott sorgte dafür, dass wir den Kontakt nicht verloren. Das hat uns gezeigt, dass Gott die Kontrolle hat und auch die Details in unserem Leben ausarbeitet. Wenn wir Gott um Rat oder Wegweisung fragen und geduldig warten, leitet er uns nach seinem guten Plan.

Gott hat mich mit einer einzigartigen Geschichte beschenkt und alle meine Erwartungen übertroffen! Heute arbeiten wir gemeinsam als Ehepaar für Gott, so wie es jahrelang mein Wunsch gewesen war. Und zwar genau an dem Ort, an dem wir uns vor 22 Jahren zum ersten Mal begegnet sind.

Anita Bosch arbeitet in der Hausleitung eines christlichen Freizeit- und Erholungshauses.

Das größte Geschenk

Natalie Schröder

„Gott", betete ich, als ich ungefähr zehn Jahre alt war, „bitte schick mir Eltern, die mir ein Zuhause geben!" Ich lebte in einem Kinderheim in Kasachstan. Leider hatte ich den Ruf, das anstrengendste und frechste Kind im ganzen Heim zu sein. Dabei sehnte ich mich so sehr nach einer Familie, nach Menschen, die mich lieb hatten! Einmal stibitzte ich von einer Hilfsgütersammlung ein Kleidungsstück und erzählte den anderen Kindern, meine Oma hätte es mir geschenkt. Natürlich kam es heraus und ich wurde bestraft. Doch ich wollte so gerne jemanden haben, dem ich wichtig war.

Ich kam in einer Kleinstadt in Kasachstan zur Welt. Meinen Vater habe ich nie kennengelernt. Meine Mutter war Alkoholikerin, genauso wie mein 17 Jahre älterer Halbbruder. Beide waren arbeitslos und meistens betrunken. Um das Geld für den Alkohol zu beschaffen, verkauften sie nach und nach alle Möbel und Gegenstände aus unserer Wohnung.

Noch bevor ich zur Schule ging, musste ich bereits meine Familie mit Essen versorgen. Das tat ich, indem ich betteln ging. Außerdem durchsuchte ich die Mülltonnen in den Innenhöfen der Hochhäuser oder die Mülldeponie außerhalb der Stadt. Da es dort jedoch selten Lebensmittel gab, aß ich auch die Reste aus Zahnpastatuben und Ähnliches. Manchmal brachte ich einen Hund mit nach Hause, den meine Mutter dann schlachtete, damit wir Fleisch zu essen hatten.

Keiner kümmerte sich um mich. Ich konnte tun und lassen, was ich wollte. Es interessierte niemanden, wo ich meine Tage und Nächte verbrachte, und so wuchs ich ziemlich verwildert auf. Nachts schlief ich öfter in den Fluren der Häuser, in denen ich bettelte, oder fand draußen im Gebüsch einen Platz zum Schlafen. Meine Kleider waren schmutzig, meine Haare voller Läuse. Aus diesem Grund wollten andere Kinder, denen es besser ging als mir, nichts mit mir zu tun haben. In der Schule wurden wir Straßenkinder ausgelacht und man ging uns aus dem Weg.

Als ich acht Jahre alt war, erkrankte meine Mutter an Krebs. Eine Kirchengemeinde spendete uns ein Bett, auf dem sie liegen konnte. Eine Zeit lang wohnte sie bei meiner Halbschwester, die bereits verheiratet war. In dieser Zeit fand sie zu Gott und vertraute ihm ihr Leben an. Bevor meine Mutter starb, bat sie, dass man mich in ein christliches Kinderheim bringen sollte. Menschen aus der Kirchengemeinde erfüllten ihr diesen Wunsch. So kam ich in ein Kinderheim in der Stadt Saran.

Ich wurde liebevoll aufgenommen. Alles war neu für mich, vor allem das soziale Umfeld. Da ich nie gelernt hatte, mich an Regeln zu halten, fiel mir das Einleben sehr schwer.

Ich lief immer wieder weg und wurde oft bestraft, da ich mich gegen viele Dinge wehrte. Es fiel mir schwer, mich an regelmäßige Abläufe zu gewöhnen und Verantwortung zu übernehmen, zum Beispiel ein Zimmer zu reinigen oder den Abwasch in der Küche zu erledigen.

Im Kinderheim lernte ich mehr über Gott. Wir gingen regelmäßig in den Gottesdienst und hörten auch unter der Woche Geschichten aus der Bibel. Ich sang im Kinderchor und lernte Klavier spielen. Wir feierten gemeinsam Weihnachten und Ostern – Feste, die wir in unserer Familie nie gefeiert hatten.

Auch wenn es viele schöne Erlebnisse gab, war das Leben im Heim für mich hart. Oft sah ich, wie andere Kinder Besuch von ihren Verwandten bekamen. Zu mir kam keiner. Ich hatte nur ein Foto meiner Mutter, das ich hütete wie einen Schatz. Es gab mir das Gefühl, auch jemanden zu haben, dem ich wichtig gewesen war.

Da die Mitarbeiter sehr viel zu tun hatten, konnten sie sich nicht immer so viel Zeit für jeden Einzelnen von uns nehmen. Aber ich wollte doch so gerne, dass sich jemand um mich kümmerte – um mich ganz allein! Um dies zu erreichen, war ich oft frech und ungehorsam. Das hatte zur Folge, dass die Mitarbeiter sich Zeit nahmen, mit mir zu reden. Damit hatte ich zwar mein Ziel erreicht, machte mich im Heim jedoch noch unbeliebter.

Gelegentlich kamen Besucher, um Kinder aus unserem Heim zu adoptieren. Während ich zusah, wie diese Kinder ein neues Zuhause bekamen, erwachte in mir eine große

Sehnsucht, das auch zu erleben. Von da an kam ich mit dieser Bitte immer wieder zu Gott.

Dann besuchten uns Franz und Anna Peters. Ich durfte ein paar Tage lang etwas mit ihnen unternehmen; dann fuhren sie wieder nach Hause. Kurz darauf musste ich ins Krankenhaus. Ich werde nie vergessen, wie die Kinderärztin mich fragte: „Natalie, kannst du dich noch an das Ehepaar erinnern, das hier war?“ Ich sagte: „Na klar!“ Da erzählte sie mir die große Neuigkeit: Die beiden hatten von Gott den Eindruck, dass sie mir und einem anderen Kind aus dem Heim ein neues Zuhause geben sollten.

Als ich das hörte, meinte ich zu träumen! Doch es war wirklich wahr: Ich durfte nach Deutschland und bekam eine neue Familie. Ich war damals zwölf Jahre alt.

Ich hatte mir zwar sehr gewünscht, dass jemand sich immer um mich kümmerte, aber als es dann tatsächlich so weit war, fiel mir das genauso schwer. Meine neuen Eltern waren 24 Stunden am Tag da und sorgten sich um mich. Das war wirklich nicht leicht für mich! Es dauerte eine ganze Weile, bis ich mich in die neue Umgebung integriert hatte und mich wohlfühlte.

Auch meine neuen Eltern erzählten mir von Gott, und eines Tages entschied ich mich ganz bewusst, Jesus als meinen Erlöser anzunehmen. Das war eine Wende in meinem Leben. Vorher hatte ich zwar auch schon geglaubt, dass Gott mein

Leben in seiner Hand hält und mich führt, aber von da an war ich sein Kind. Ich lebte meinen Alltag mit ihm zusammen, in dem Bewusstsein, dass er in mir lebt und in mir wirkt.

Mit 18 Jahren wurde ich getauft und Mitglied einer Kirchengemeinde in meinem Dorf. Und Gott hatte noch ein ganz besonderes Geschenk für mich vorbereitet: Ich lernte einen tollen Mann kennen, den ich heiratete.

Lange Zeit habe ich sehr wenig aus meiner Kindheit erzählt. Ich habe sie tief in mir vergraben und wollte mich nicht damit auseinandersetzen. Doch vor einigen Jahren besuchte ich zum ersten Mal die Stadt, in der ich geboren wurde. Etwas später beschlossen mein Mann und ich, einige Monate im Kinderheim in Saran zu arbeiten. Es hat mir sehr gutgetan, Zeit an dem Ort zu verbringen, an dem sich mein Leben verändert hat. Ich sah auch, was aus anderen Kindern geworden ist, die mit mir dort gelebt hatten. Manchen geht es gut und sie haben eine Familie. Aber einige sind in die Prostitution abgerutscht, andere sind Alkoholiker.

Ich bin so dankbar, dass ich nach Deutschland durfte. Warum gerade ich? Nie habe ich etwas getan, womit ich das verdient hätte. Stattdessen habe ich vieles falsch gemacht und den Menschen in meinem Leben viele Schwierigkeiten bereitet. Doch Gottes Liebe ist so groß. Nie hätte ich als kleines Mädchen gedacht, dass sich mein Leben einmal so radikal ändern könnte. Manchmal kommt es mir so vor, ich wäre ein Aschenputtel gewesen, das zu einer Prinzessin wurde … Nur dass ich nicht so fleißig war!

Ein Kind wie mich aufzunehmen ist ganz schön kompliziert … für beide Seiten! Aber es lohnt sich. Für mich ist es das größte Geschenk meines Lebens.

Natalie Schröder ist verheiratet und von Beruf Floristin.

Hilfe von oberster Stelle

Renate Strehlow

Ich war achtzehn Jahre alt und hatte gerade den Führerschein bestanden. Ein Moment des Erfolgs, der mein Herz jedoch nicht erreichte, denn ich war alles andere als glücklich. Mein Vater starb, als ich vierzehn Jahre alt war. Oft fühlte ich mich unverstanden und unter Druck gesetzt. Meine Mutter zwang mich zu Hobbys, die nicht zu mir passten. In der Schule trauten mir die Lehrer wenig zu.

Wieder einmal dem Zynismus eines Lehrers ausgesetzt, wünschte ich mir zu Hause nur noch den Tod. Tief in Gedanken war ich im Badezimmer damit beschäftigt, meinem Leben ein Ende zu setzen. Doch jemand aus meiner Familie hatte sein

Duschzeug im Bad vergessen und störte mich bei meinem Vorhaben. *Selbst zum Sterben bist du zu blöd,* dachte ich und zog mich weinend in mein Zimmer zurück.

Irgendwann fiel mein Blick auf meinen Konfirmationsspruch, der über meinem Schreibtisch hing. „Harre des Herrn, der wird dir helfen“ (Sprüche 20,22; Luther). So saß ich da und betete: „Herr, wenn es dich wirklich gibt, wie es mir von meiner Oma, meiner Mutter, im Kindergottesdienst und im Konfirmandenunterricht beigebracht wurde, dann hilf mir!“

Wenige Wochen nach meiner bestandenen Führerscheinprüfung geschah das Unbegreifliche: Meine Freundin Birgit verunglückte mit ihrem Roller auf dem Weg zur Schule tödlich. Ein Betonmischer hatte sie übersehen – einen Tag nach ihrem achtzehnten Geburtstag. Fassungslos fragte ich mich: *Warum starb sie und nicht ich, die ich doch nicht mehr leben wollte?*

Am Tag der Beerdigung stand eine Matheklausur an, von der abhing, ob ich zum Abi zugelassen würde oder nicht. Bei aller Trauer musste ich deshalb intensiv lernen. Meine Familie riet mir, zum Lehrer zu gehen und um eine Verschiebung der Klausur zu bitten.

„Mama“, widersprach ich, „er wird sagen, dass man den Stoff entweder kann oder man kann ihn nicht. Und wenn man so viel lernen muss, dann gehört man nicht in den Matheleistungskurs.“

„Dann geh zum Schulleiter!“

„Mama, von dem wird er sich nichts sagen lassen, er macht sein eigenes Ding!“

„Kind, du hast es ja noch nicht einmal versucht.“

Unverstanden und elend flüchtete ich mich in mein Zimmer, sah zu meinem Konfirmationsspruch und betete: „Herr, wenn es dich wirklich gibt und es wahr ist, dass Menschen konkret deine Hilfe erfahren, dann hilf mir bitte! Ich werde nicht mehr jammern und keinem von meiner Not erzählen. Du allein kannst mir entweder trotz aller Trauer genug Kraft zum Lernen geben und mich den Stoff kapieren lassen oder dafür sorgen, dass die Klausur verschoben wird.“

Die Tage vergingen. Montag sollte die Klausur stattfinden, Freitag stand ich nach dem Unterricht im Foyer des Schulgebäudes und wartete auf eine Klassenkameradin, als der Schulleiter plötzlich neben mir stand.

„Renate, wie geht es dir?“, sprach er mich an. „Montag ist die Beerdigung.“

„Es geht schon …“

„Und die Matheklausur?“, fragte er weiter.

„Das schaffe ich!“

„Wirklich?“, bohrte er nach.

„Ja.“

„Du warst doch mit Birgit befreundet.“

Mir liefen die Tränen übers Gesicht und ich antwortete nicht. Ich sah, wie der Schulleiter das Gebäude verließ, in sein Auto stieg und wegfuhr.

Der Schulleiter war doch die Antwort auf dein Gebet um Hilfe!, schalt ich mich selbst. *Gott hat ihn dir geschickt. Du hättest zugeben sollen, dass du Hilfe brauchst, und darum bitten sollen, dass die Klausur verlegt wird. Warum musstest du so stolz sein und so tun, als hättest du alles im Griff?*

Durch meinen Tränenschleier sah ich den Schulleiter plötzlich wieder vor mir. „So kann ich dich nicht stehen lassen. Wir werden die Klausur verlegen. Wer ist dein Lehrer?"

Ich nannte ihm den Namen. Er runzelte die Stirn und stöhnte. „Hm, na ja …" Dann ging er ins Sekretariat, kam zurück, ohne die Klausur noch mal zu erwähnen, wünschte mir ein gutes Wochenende, und weg war er.

Ich lernte das ganze Wochenende, denn ich vermutete, dass es nicht klappen würde, die Klausur zu verlegen. Bei allem Lernen war aber auch genug Zeit für meine Trauer.

Am Montag betrat ich das Schulgelände, sah die Mitschüler aus meinem Kurs und hatte mit einem Mal einen tiefen Frieden im Herzen. Ich wusste es, noch ehe sie mich ansprachen: „Renate, hast du es schon gehört?"

„Die Matheklausur ist verlegt worden!"

Unser Mathelehrer versuchte noch, uns umzustimmen. „Mit eurer Einwilligung könnte die Klausur doch noch stattfinden", meinte er, „auch wenn sie von oberster Stelle untersagt worden ist."

Von oberster Stelle – wie wahr! Von ganz oben! Ich habe Gott in all meiner Not persönlich erfahren. Er hat mich nicht alleingelassen.

An dem Tag beschloss ich, mein Leben ganz in seine Hände zu legen, ihm zu vertrauen und mich von ihm gebrauchen zu lassen, damit auch andere von seiner Liebe erfahren.

Renate Strehlow ist Hausfrau und Mutter von vier Kindern.

Ein harter Überlebenskampf

Nelli Walter

Zehn Tage lang hatte ich sehr heftige Kopfschmerzen. Schließlich fuhr ich ins Krankenhaus. Da die Untersuchungen nichts Auffälliges zeigten, wollte man mich schon wieder nach Hause schicken, als ich plötzlich vor den Augen des Arztes anfing zu krampfen. Ich wurde ins Koma versetzt, und es stellte sich heraus, dass ich einen Hirnschlag im Kleinhirn erlitten hatte. Die Ursache war eine äußere Verletzung, durch die sich eine Arterie verschlossen hatte. Dadurch wurde das dahinterliegende Gewebe nicht mehr durchblutet und war abgestorben.

Mein Mann wachte die ganze Nacht an meinem Bett. Niemand rechnete damit, dass ich überleben würde.

Als ich am nächsten Morgen immer noch am Leben war, wurde ich in ein anderes Krankenhaus gebracht. Dort überlegten die Ärzte, ob sie meinen Kopf öffnen sollten, denn in abgestorbenes Gewebe lagert der Körper Wasser ein, und es kommt zu einer Schwellung. Nun bestand die Gefahr, dass die Schwellung das Rückenmark abdrücken und ich dann entweder sterben oder vom ersten Halswirbel an abwärts gelähmt sein würde.

Dann passierte etwas völlig Menschliches, von dem ich im Nachhinein glaube, dass es von Gott war. Ein Arzt sagte: „Komm, lass uns das jetzt machen, sonst sind wir heute Abend um 23 Uhr wieder hier!" Schließlich begann an dem Tag die Fußball-WM und alle wollten das Spiel sehen … Gegen 19 Uhr öffneten die Ärzte dann meinen Kopf und entfernten ein Stück Gehirn, das schon abgestorben war. Nach der OP sagte der Arzt zu meinem Mann: „Es war allerhöchste Zeit!"

Danach begann für mich ein unbeschreiblich harter Überlebenskampf. Ich konnte acht Wochen lang nicht schlucken. Ich lag da, konnte mich nicht bewegen und nicht allein im Bett drehen. Ich konnte ganze Nächte lang nicht schlafen. Mir war schrecklich übel, was manchmal zwanzig Stunden lang anhielt. Außerdem hatte ich zwei Lungenentzündungen, eine Blutvergiftung, eine Blasenentzündung, Darmverschluss und Nierenversagen.

Ich weiß noch, wie mein Mann einmal abends an meinem Bett saß und ich ihn bat, mich gehen zu lassen. Ich war müde vom Kämpfen. Aber während der ganzen Zeit wusste ich: Gott geht mit mir da durch – auch wenn ich ihn nicht fühle.

Kapitel 8

WENN ICH ANGST VOR DER ZUKUNFT HABE

Ein neuer Anfang

Helen Lescheid

Es wurde Zeit, das Haus zu verkaufen, in dem wir 27 Jahre lang als Familie gewohnt hatten – das einzige Zuhause, das unsere Kinder je gekannt hatten. Jeder Winkel steckte voller kostbarer Erinnerungen. Viele Büsche und Bäume im Garten hatte ich selbst gepflanzt, und ich hatte dafür gesorgt, dass sie zu voller Pracht heranwuchsen. In den Kornfeldern hinter dem Haus hatten unsere Kinder Verstecken gespielt. Sie hatten die Hunde über den Rasen gejagt, am Lagerfeuer Würstchen gegrillt, vor der Scheune Fußball gespielt, Äpfel und Pflaumen von den Bäumen gepflückt und die Ziegen auf die Weide gebracht.

Doch nun waren unsere Kinder erwachsen und wohnten weit weg. Warum also hielt ich immer noch an diesem Haus fest, das viel zu groß für mich war? *Solange ich dieses Haus behalte, kommen meine Kinder gerne nach Hause*, so meine Überlegung. *Und vielleicht gibt es doch noch Hoffnung für meine Ehe. Wenn ich unser Haus verkaufe, bedeutet das, dass unsere Ehe endgültig gescheitert ist. Das wäre so, als würde ich den Sarg zunageln und einen Traum begraben, der unwiederbringlich gestorben ist.*

Zwei Jahre lang überlegte ich hin und her: Sollte ich das Haus verkaufen oder nicht? Schließlich gab ich ein Inserat in der

Zeitung auf und stellte ein Schild in den Vorgarten: „Zu verkaufen".

Während ich Interessenten Haus und Grundstück zeigte, erinnerte ich mein Herz an das, was mein Kopf schon wusste: Gott hatte uns dieses Haus gegeben, als die Kinder klein waren. Nun war es an der Zeit, diesen Segen an andere weiterzugeben – vorzugsweise an ein junges Paar mit kleinen Kindern.

Wenn ein Interessent gegangen war, machte ich oft mit meinem Hund einen Spaziergang die Straße hinunter an den Fluss. Jedes Haus, an dem wir vorbeikamen, weckte in mir Erinnerungen an freundliche Nachbarn. Ich dachte daran, wie Michael jedes Frühjahr meinen Garten umgegraben hatte. Als ich ihn bezahlen wollte, meinte er nur: „Wofür sind Nachbarn denn da?" Als unser Rasenmäher kaputtging, mähte Johannes unseren Rasen. Maria, die in dem alten Haus mit dem rauchenden Schornstein wohnte, brachte mir frisches Gemüse aus ihrem Garten. Auf der anderen Straßenseite stand das neue Haus von Richard. Mir wurde warm ums Herz, als ich an jenen bitterkalten Wintermorgen dachte, an dem ich nach draußen kam und entdeckte, dass jemand meine Einfahrt bereits vom Schnee freigeräumt hatte. All das hatten meine Nachbarn für mich getan, ohne dass sie Geld dafür verlangt hätten. Würde ich jemals wieder so gute Nachbarn finden?

Doch die Zeit war reif für eine Veränderung. Es war einfach nicht sinnvoll, ganz allein in einem so großen Haus auf dem Land zu leben. Es war an der Zeit, mir ein kleineres Zuhause in der Stadt zu suchen.

Die Größe dieser Aufgabe überwältigte mich. Allein schon der Blick auf die Immobilienanzeigen löste Panik in mir aus. Ich schaffte es kaum, mich für ein Paar Schuhe zu entscheiden – wie sollte ich mir jemals sicher sein, das richtige Haus gefunden zu haben?

„Machen Sie eine Liste mit allem, was Sie sich wünschen", riet mir der Immobilienmakler. „Dann gehen wir auf die Suche."

„Herr, du weißt, was das Beste für mich ist", betete ich. „Bitte gib mir eine innere Gewissheit, wenn ich das richtige Haus gefunden habe."

Nachdem wir einige Wochen lang gesucht hatten, stießen wir auf ein kleines Haus in der Stadt, das genau meinen Vorstellungen entsprach.

Ich kaufte es und zog um.

Wenig später besuchten mich meine Freunde aus der Kirchengemeinde, um mein neues Zuhause zu bewundern. Wir waren uns einig: Dieses Haus war wirklich ein Geschenk von Gott. „Die Anrichte passt so gut in diese Ecke, als wäre sie genau dafür angefertigt worden", stellte meine Freundin fest. „Und dein Küchentisch aus Eichenholz passt perfekt zu der Einbauküche aus Eiche." Ich betrachtete die warme, honigfarbene Oberfläche der Küchenmöbel und staunte. Unfassbar, welche Details Gott im Blick gehabt hatte, als er mich zu diesem Haus führte! Jeden Punkt auf meiner Liste hatte er erfüllt, bis dahin, dass die Farben passten! Dazu hatte das Haus noch einige angenehme Extras, die ich gar nicht aufgeschrieben hatte.

Trotzdem vermisste ich unser Haus, in dem wir viele Jahre lang als Familie gelebt hatten. Oft machte ich eine kleine Spritztour aufs Land, um glückliche Erinnerungen aufleben zu lassen. Dann fuhr ich langsam an dem vertrauten Haus vorbei und dachte an die schöne Zeit, die wir hier verbracht hatten. Ich fand es tröstlich, dass nun eine andere Familie mit kleinen Kindern das Vorrecht hatte, hier zu wohnen.

Als ich meine neuen Nachbarn kennenlernte, begann ich, mich in der Stadt mehr zu Hause zu fühlen. Meine Ausflüge zu unserem alten Haus wurden seltener und hörten schließlich ganz auf. Die Zeit war gekommen, die Trauer hinter mir zu lassen. Denn ein Verlust ist nicht das Ende, sondern ein neuer Anfang.

Übrigens, meine Kinder kommen mich auch in meinem neuen Zuhause gerne besuchen!

Helen Lescheid ist Buchautorin und Rednerin. Sie hat fünf erwachsene Kinder und acht Enkelkinder.

Kleiner Stein mit großer Botschaft

Edelgard Kornelsen

Es ist früher Morgen. Verschlafen putze ich mir die Zähne. Der Tag liegt wie ein riesiger Berg vor mir, und ich frage mich, wie ich alle Aufgaben bewältigen soll. Da fällt mein Blick auf einen Stein, den ich wohlweislich vor einigen Tagen dort platziert habe, damit ich ihn gleich morgens im Blick habe. Hoffnung strömt in mein Herz, als Gott mich an die Botschaft erinnert, die er mir vor einigen Jahren mitten in einer Umbruchphase vor die Füße gelegt hat – in Form eines Steins.

Es war mitten im Frühling, und ich machte mit meinen Eltern, Geschwistern und meinem kleinen Sohn Strandurlaub in Dänemark, umgeben von herrlichen Dünen. Einige Wochen zuvor hatte ich meine Wohnung gekündigt, denn ich litt unter der hohen Lärmbelastung, den undichten Fenstern und schließlich noch einem Wasserschaden. Allerdings hatte ich noch keine neue Wohnung gefunden, nur die Aussicht auf eine Arbeitsstelle und einen Kindergartenplatz in der Nachbarstadt.

Nach einem Burn-out war ich einige Jahre zu Hause geblieben, hatte unseren Sohn bekommen und dann versucht, als alleinerziehende Mutter wieder neue Hoffnung und Lebenskraft zu gewinnen. Der gewaltige Umbruch, der mir jetzt bevorstand, machte mir Angst. Immer wieder quälten mich die

Fragen, ob ich der beruflichen Belastung gewachsen war, ob sich in der neuen Stadt eine gute und günstige Wohnung finden ließe und ob mein Sohn den Einstieg in den Kindergarten gut schaffen würde. Diese Fragen beschäftigten mich, während ich allein einen Spaziergang durch die Dünen machte.

Plötzlich ragte eine große Düne sehr steil vor mir auf. Ich stand vor der Entscheidung, außen herumzuwandern oder aber hinaufzusteigen. Ich fühlte mich in dem Moment nicht nur innerlich, sondern auch körperlich erschöpft. Als ich sah, dass jemand schon vor mir die steile Düne hinaufgestiegen war, nahm ich mir vor, in seine Fußstapfen zu treten. Ich staunte nicht schlecht, als ich schneller als gedacht oben ankam. Hinzu kam, dass es überhaupt nicht anstrengend gewesen war, da ich in den Fußstapfen meines Vorgängers gegangen war. Er hatte den Weg für mich bereitet.

In dem Moment fielen mir wieder die Herausforderungen ein, vor denen ich stand. Da wusste ich, dass Gott mir mit diesem Berg eine Lektion erteilt hatte. Er war meinen steilen Berg schon vorausgegangen. Ich brauchte nur noch in seinen Fußstapfen zu folgen. Mit seiner Hilfe würde ich alle Herausforderungen bewältigen können.

Als ich am nächsten Tag mit meiner Familie am breiten Strand entlanglief, erregte ein sandfarbener Stein meine Aufmerksamkeit. Er war fast faustgroß. Auf einer Seite befand sich eine etwa zwei Zentimeter lange Spalte, und in dieser Spalte steckte ein kleiner brauner Kieselstein fest, der nicht herauszubekommen war. Das Innere der Spalte um den kleinen

Kieselstein herum glänzte. Wieder hatte ich das Gefühl, dass Gott durch dieses Bild zu mir sprach. Er kannte mein furchtsames Herz. Oft fühlte ich mich wie dieser kleine Kieselstein: schwach und unbedeutend. Doch so wie der Kieselstein bombenfest in dem großen Stein steckte, war ich in Gott vollkommen sicher.

Nichts und niemand kann mich aus Gottes Hand reißen. Er schützt mich, bei ihm bin ich geborgen. Mit ihm um mich herum habe ich große Kraft. Würde man den kleinen Kieselstein gegen ein Fenster werfen, würde er wohl nicht viel bewirken, aber wenn man den großen Stein werfen würde, wäre der Effekt weitaus größer.

Mir wurde klar: Nicht der kleine Stein bewirkt etwas, sondern der große. Der kleine Stein geht einfach mit. Dieses Bild erinnerte mich an einen Vers, den mir eine Frau aus meiner Gemeinde vor einigen Jahren mitgegeben hatte: „Wenn du glaubst, wirst du die Herrlichkeit Gottes sehen" (Johannes 11,40; Luther). Jetzt war es an mir zu entscheiden: Glaube ich, dass Gott mit mir und seine Kraft in den Schwachen mächtig ist? Glaube ich, dass es nicht entscheidend ist, wie klein ich mir manchmal vorkomme, sondern wie groß und stark mein Gott ist?

Ich wollte vertrauen und durfte erleben, wie Gott trotz aller Herausforderungen treu war. Die Wohnungssuche wurde zu einer Glaubensprobe, aber schließlich bekamen wir in letzter Minute eine passende Wohnung, die sich in der Nähe meiner Arbeitsstelle und des Kindergartens befand. Wenn mein Sohn auch nicht gerne in den Kindergarten ging und die Trennung morgens nicht leicht war, so hatte er doch eine Erzieherin, die ihn liebte und ihm Nähe und Geborgenheit gab.

Der Wiedereinstieg in die Arbeitswelt wurde für mich zu einer Lebensschule. Er war in vielen Bereichen herausfordernd, aber auch heilsam! Ich lernte, mir selbst wieder mehr zuzutrauen, genoss ein aufmerksames und liebevolles Kollegium. Ich konnte meine Grenzen erweitern und wurde sowohl körperlich als auch emotional stärker.

Den Stein aus Dänemark habe ich damals mitgenommen. Es kann schon vorkommen, dass er mal in Vergessenheit gerät. Doch in schwierigen Zeiten lege ich ihn mir irgendwo sichtbar hin. Und wenn mein Blick auf den sandfarbenen Stein fällt, erinnere ich mich daran: Gottes Kraft ist in den Schwachen mächtig.

Nach dem Blick auf den Stein an jenem Morgen konnte ich auch beruhigt die Zahnbürste weglegen, mein Gesicht waschen und hoffnungsvoll in den Tag starten!

Edelgard Kornelsen ist Lehrerin und lebt in Detmold.

Der Umzug

Maria Czerwonka

Wieder einmal war es Mitternacht geworden. Wieder einmal hatten mein Mann und ich ausführlich über weitere berufliche Möglichkeiten gesprochen. In der Firma, für die mein Mann arbeitete, waren die Anzeichen dafür, dass sie sich auflösen würde, nur allzu deutlich.

Müde sah er mich an und fragte: „Würdest du mit mir auch woanders hinziehen?"

„Natürlich!", beeilte ich mich zu sagen und lächelte verschmitzt, während ich etwas theatralisch hinzufügte: „Wo du hingehst, gehe auch ich hin." Er umarmte mich lachend und schien erleichtert. Aber seine Frage hinterließ bei mir einen bitteren Nachgeschmack.

Während mein Mann mit ruhigen Atemzügen schlief, wälzte ich mich von einer Seite auf die andere und konnte nicht einschlafen. *Fortziehen.* Nie zuvor hatten wir darüber gesprochen. Wir wohnten in einem schönen Haus mit einem Garten, der endlich so blühte, wie ich es mir immer gewünscht hatte. Die Freunde unserer Kinder lebten in der direkten Nachbarschaft. Ich gehörte zu einem Frauenkreis, in dem ich viel Ansporn und große Geborgenheit erlebte. Freundschaften begannen sich gerade jetzt in einem Maße zu intensivieren wie nie zuvor.

Gott, du wirst es doch nicht zulassen, dass wir von hier fortziehen!, schrie ich innerlich und begann, alle Gründe aufzuzählen, die eindeutig für ein Bleiben sprachen: Wir haben hier unsere Familien. (Ich war das einzige Kind meiner Eltern, das noch am Ort wohnte.) War das kein Argument? Wir waren in der Gemeinde integriert und unsere Mitarbeit war gefragt und fruchtbar. Auch kein Argument? Gerade jetzt wurde ich gebraucht: Zwei junge Frauen gingen mit meiner Hilfe die ersten Schritte im Glauben. Eine Nachbarin, die mir sehr ans Herz gewachsen war, hatte gerade ihr Leben Jesus anvertraut. Wie sollte sie ohne mich weiterkommen? Ein sehr wichtiges Argument, oder?

Endlich verlieh ich auch meinen tiefsten Ängsten Ausdruck: *Herr, ich brauche doch meine vertrauten Freunde, die mich tragen, lieben und korrigieren, dass ich in dir wachsen kann! Es liegt doch auf der Hand: Wir können hier nicht fort!* Aber auf alle Argumente formte sich immer klarer die Frage in meinem Herzen: Meinst du nicht, ich könnte euch auch woanders segnen? Und andere Menschen durch euch? Im Morgengrauen endlich bewirkte Gottes wiederholte Anfrage, dass sein Frieden meine aufgewühlten Gedanken erreichte.

„Okay", sagte ich schließlich zu Gott, „wenn wir hier wirklich wegsollen, dann möchte ich innere Klarheit darüber haben. Ein Wissen in meinem Herzen, wie nur du allein es schenken kannst. Dann – aber nur dann! – gehe ich. Aber", fügte ich hinzu, „wenn es irgendwie geht, will ich hierbleiben."

In den nächsten Wochen bekam mein Mann vereinzelte Aufträge, die uns gerade so über Wasser hielten. Monatelang kam das Thema „Umzug" nicht mehr auf den Tisch. Dann erreichten uns Anfragen aus Süddeutschland – in einem

Arbeitszweig, von dem mein Mann immer geträumt hatte. Die Auftraggeber waren mit seinen Arbeiten sehr zufrieden. Die Fahrten in den Süden mehrten sich. Und eines Tages kam mein Mann nach Hause und teilte mir mit: „Man hat mich gefragt, ob wir nicht in die Nähe von München ziehen könnten."

Es war fast auf den Tag ein Jahr her, seit wir das Wort „Umzug" zum ersten Mal ausgesprochen hatten. Zuerst weinte ich sehr. Aber etwas war in meinem Herzen, das diesen Schock mit einer Art Geborgenheit umgab. Der winzige Same von Gottes friedevoller Zusage war in meinem Herzen aufgegangen.

Trotzdem brachte ich noch einmal alle Argumente vor Gott. Aber sie schienen jetzt noch weniger Gewicht zu haben. Nur zwei enge Freunde und ein Leiter aus unserer Kirchengemeinde wussten anfangs um die Gedanken, die uns bewegten. Dennoch kamen gerade in dieser Phase etliche Menschen auf uns zu und gaben uns Bibelworte, die alle etwas mit Fortgehen zu tun hatten. Wir führten viele Gespräche, beteten, überlegten, weinten, verhandelten. Die Möglichkeit, dass mein Mann pendeln und wir eine Wochenendehe führen könnten, verwarfen wir schnell. Wir wollten als Ehepartner und Familie zusammenbleiben.

So stand ich gut einen Monat später in einem Gottesdienst in München und entschied in meinem Herzen: *Okay, Herr, ich gehe hierher! Aber das Ja ist nur in meinem Kopf. In meinem Herzen ist ein dickes Nein. Wirke du in mir, dass das Ja vom Kopf ins Herz rutscht.*

Wochen des schmerzlichen Abschiednehmens begannen. Erst jetzt wurde mir so richtig bewusst, wie tief unsere

Beziehungen waren. Ich hatte das Gefühl, als würde ein Körperteil amputiert. Wir erlebten aber auch viel Schönes: zum Beispiel ein überwältigendes Maß an Hilfe bei allen technischen Angelegenheiten des Umzugs.

Zweimal traf mich der Abschiedsschmerz besonders stark und beide Male erlebte ich staunend Gottes Fürsorge. Einmal rief genau zu diesem Zeitpunkt eine Freundin an. Sie hatte das Gefühl, dass ich gerade jetzt jemanden brauchte. Das andere Mal stand eine andere Freundin, die mich fast nie besuchte, überraschend vor der Tür. Jedes Mal erfuhr ich tiefen Trost und fühlte mich getragen.

Nach genau sieben Monaten stand der Möbelwagen vor der Tür. Als ich das letzte Mal wie betäubt durch den Garten und das leere Haus ging, spürte ich voll Staunen eine innere Trennung: Hier gehörte ich nicht mehr her! Die Zeit an diesem Ort war vorbei. Es war eine Leere in mir – eine Leere, die gespannt auf neue Erfüllung wartete.

Als wir an unserem neuen Haus ankamen, wusste ich: „Hier bin ich jetzt zu Hause!“ Die Menschen waren mir fremd, der Dialekt unverständlich, die neue Gemeinde ungewohnt klein – und doch war das tiefe Wissen in mir: „Hier ist unser Platz.“ Mitten in der Fremde erlebte ich Geborgenheit. Nicht durch die Menschen, nicht durch Vertrautheit, sondern weil Gott das Ja vom Kopf in mein Herz gebracht hatte.

Ich war voller Erwartung, welche Menschen Gott uns an die Seite stellen würde. Voller Erwartung, was Gott hier mit uns vorhaben würde. Nein, es lief nicht alles glatt. Ich vermisste meine Freunde sehr. Vermisste unsere „Nur mal so"-Besucher, die spontan klingelten und sagten: „Wollte mal auf eine Tasse Kaffee vorbeischauen!" Hier konnte niemand meine Gedanken sofort einsortieren, weil ich ihm vertraut war. Sich neu Menschen zu öffnen war nicht immer leicht. Es gab Missverständnisse. Aber nie dachte ich: *Wären wir doch nicht hierhergezogen!*

Erstaunlicherweise vertieften sich unsere Freundschaften zu den Menschen im Norden trotz der Entfernung. Und: Neue Beziehungen entwickelten sich. Niemand konnte die Freunde ersetzen, die ich zurückgelassen hatte, aber ich wurde mit kostbaren Menschen und besonderen Freundschaften neu beschenkt. Auch unsere Ehe hat sich durch das Miteinander-in-der-Fremde-Sein in vielen Bereichen intensiviert. Gott hat neue Gaben in uns geweckt, hat uns neue Aufgaben gegeben.

Sein Versprechen hat sich erfüllt: Überall – selbst in der Fremde – hat er viele Möglichkeiten, uns zu segnen und durch uns andere zu segnen. Und er hat es nicht nur versprochen, sondern auch getan!

Das anfangs so schmerzliche Loslassen unserer alten Heimat und das für mich so erstaunte Ankommen mit ganzem Herzen hier hat mich viel Wertvolles gelehrt. Tief in meinem Herzen vertraue ich darauf, dass Gott uns auch an jedem anderen Ort wieder segnen würde – und andere Menschen durch uns.

Nachdem ich Gott an jenem Tag vor 24 Jahren mein Ja gegeben hatte, las ich in den Herrnhuter Losungen ein Wort, das mich seitdem begleitet:

Herr Jesus, wenn du uns aufbrechen heißt,
lass uns nicht zögern zu gehn,
wohin du uns weist und schon im Voraus bist.
Mach mich fest in dem Wissen:
Dein Beauftragen ist zugleich Verheißung
und birgt in sich alle Kraft von dir.

Maria Czerwonka schreibt Andachten und engagiert sich als Referentin bei Seminaren und Freizeiten.

In tausend Stücke

Es gibt Momente im Leben,
da zerbrechen alle Hoffnungen
in tausend Stücke.

Wie gut, zu wissen,
dass Gott
Neues schaffen kann.

Das ist meine Hoffnung
inmitten meiner Verzweiflung.

Gottes Weg führt ans Ziel –
immer!

Jrene Bircher

Kapitel 9

WENN DAS LEBEN SCHWER ZU ERTRAGEN IST

Und ich vertraue dir trotzdem!

Natalie Cunha

Ich starrte die Ärztin an und sah, wie sie die Augenbrauen hochzog. *Mit meinem Baby ist etwas nicht in Ordnung,* dachte ich. Ich lag im Krankenhaus und hatte gerade eine Ultraschalluntersuchung. Als Mutter von zwei Söhnen, zehn und sieben Jahre alt, hatte ich Anfang Januar 2013 festgestellt, dass ich wieder schwanger war. Mein Mann und ich hatten die Kinderplanung eigentlich schon abgehakt und daher war die Nachricht wie eine Bombe bei uns eingeschlagen. Aber ich vertraute auf Gott.

Die Ärztin schaute mich an und sagte: „Es ist alles in Ordnung, aber ich sehe zwei Babys." Das hätte ich mir in meinen wildesten Träumen nicht vorgestellt: Zwillinge! Soweit ich wusste, hatte niemand in unserer Familie jemals Zwillinge bekommen. Ich spürte, wie mir das Blut ins Gesicht stieg. Ich lachte und weinte gleichzeitig. Mein Mann war fassungslos. Mit der Zeit gewöhnten wir uns an die Vorstellung, doch wir waren besorgt. Wir leben auf einer der Inseln des Azoren-Archipels vor Portugal und arbeiten beide vollzeitig als Lehrer. Wir haben hier keine Familie und müssen unseren Alltag wegen der Kinder sehr gut organisieren. Wie sollte das mit vier Kindern werden?

Miguel und Rodrigo kamen am 25. Juli auf die Welt. Es schien alles in Ordnung zu sein, und die Familie gewöhnte sich langsam daran, zwei neue Mitglieder zu haben. Die beiden großen Brüder reagierten wunderbar und halfen mit. Als Miguel und Rodrigo mit einem Jahr weder krabbelten noch sich selbst hinsetzten, erhielten wir die Diagnose, dass sie eine Entwicklungsstörung hatten und alles darauf hindeutete, dass sie Autismus hätten. Zack, da lag ich mit der Nase auf dem Boden. „Warum, Gott? Ich verstehe nicht, warum das mit meinen Kindern passieren musste! Ich habe dir vertraut und die Schwangerschaft als deinen Plan für mein Leben und für meine Familie angenommen! Warum?“ Ich war enttäuscht und verstand nicht, warum Gott das zugelassen hatte.

Ich befand mich in einem inneren Kampf. Sollte ich Gott bedingungslos vertrauen oder auf ihn böse sein? Trotz dieses Kampfes ging ich weiterhin jeden Sonntag in die Kirche. Ich las auch weiterhin in der Bibel und betete, aber innerlich hatte ich mich von Gott entfernt. Ich verstand seine Pläne für mein Leben nicht.

Unser Leben zu sechst war nicht einfach. Die Frau unseres Pastors kam mehrmals die Woche zu uns und half mir mit den Zwillingen, aber größtenteils mussten wir uns selbst helfen. Ich brachte die Großen zur Schule und holte sie mit den Zwillingen im Auto ab. Manchmal heulte einer wie eine Sirene und ich musste Ruhe bewahren und mich durch den Verkehr kämpfen. Oft kam ich mit hochrotem Kopf und verschwitzt nach Hause. Dazu kamen die Therapien, die wir noch in unseren vollen

Alltag schieben mussten. Jeder der Zwillinge hatte zweimal die Woche Förderungstherapien und Physiotherapie. Ich begann auch wieder zu arbeiten. Meine Gemeinde betete für uns.

Langsam öffnete ich mich wieder für Gott, ich betete und las die Bibel. Ich bekam auch die Zeitschrift „Lydia“ von einer lieben Freundin aus Deutschland zugeschickt. Das half mir sehr, da ich sehen konnte, dass auch viele andere Menschen in so schwierigen Situationen waren wie ich. Ich hörte auch einen christlichen Radiosender, und mit der Zeit bemerkte ich, dass mein Glaube und mein Vertrauen in Gott gewachsen waren. Ich ging fröhlich in die Kirche und lobte dankbar Gott. Die Wüste, in der ich mich befunden hatte, hatte mich gestärkt und auf eine noch kompliziertere Situation vorbereitet, die auf uns zukam …

Der kleine Miguel bekam Krampfanfälle. Zuerst dachten wir, er hätte Koliken, da er sich vorbeugte, als ob ihm der Bauch wehtäte. Mit der Zeit verstanden wir, dass es Krampfanfälle waren und Miguel wahrscheinlich Epilepsie hatte. Es wurden Untersuchungen im Krankenhaus gemacht und schon bald bekam er ein Medikament gegen Epilepsie. Er hatte jedoch weiterhin Spasmen.

Eines Tages wurde Miguel mit Fieber und Durchfall ins Krankenhaus eingewiesen. Er hatte ein Magenvirus, und während des Krankenhausaufenthaltes stellte sich heraus, dass er eine seltene Form von Epilepsie hatte, das sogenannte West-Syndrom. Die Behandlung erfolgte in zwei Phasen: Zuerst wurde ein starkes Medikament gespritzt, um die Spasmen zu beenden. Dann wurde ein anderes Medikament in Tablettenform gegeben. Die Spritzen bescherten Miguel unheimlich starke Kopfschmerzen. Er weinte viel und schlug sich mit der Faust auf den Kopf. Er fühlte sich nur besser, wenn ich ihn auf dem Arm trug.

So ging ich im Krankenhauszimmer hin und her und sang Loblieder. Ich betete fast die ganze Zeit. Meine Gedanken waren nur bei Jesus. Ich betete für Miguel. Ich betete für ein Wunder.

Miguel war insgesamt drei Wochen im Krankenhaus. Die Spasmen verschwanden, und er begann, die Tabletten zu nehmen – da erkrankte er an Masern. Das Fieber stieg hoch und der Hautausschlag war extrem. Als seine Temperatur nicht sank, wurden mein Mann und ich immer besorgter. Am Samstagnachmittag ging es Miguel zunehmend schlechter und er kam auf die Intensivstation. Ich betete pausenlos. Eine Frau aus der Kirche traf sich kurz mit mir, und wir beteten, und ich bat Gott, meinen Sohn zu retten.

Da hörte ich eine Stimme in meinem Kopf: „Geh ins Krankenhaus, dein Sohn stirbt in dieser Nacht.“

Gott bereitete mich auf das vor, was auf uns zukommen

würde, aber ich hoffte trotzdem, dass die Ärzte Miguel retten würden.

Miguel starb um ein Uhr morgens. Ich war verzweifelt, klammerte mich aber an Gott und sein Wort. In Psalm 23 steht: „Der Herr ist mein Hirte, mir wird nichts mangeln. Er weidet mich auf einer grünen Aue und führet mich zum frischen Wasser“ (Psalm 23,1–2; Luther). Gott erfüllte mein Herz mit einer übernatürlichen Ruhe und gab mir an diesen schlimmen Tagen seine Kraft, sodass ich heute noch darüber staune. Am Morgen der Beerdigung erinnerte Gott mich an eine Situation, von der in Matthäus 8, Verse 23 bis 27 berichtet wird: Jesus schlief während in eines starken Sturms, und als die ängstlichen Jünger ihn weckten, stand er auf und befahl dem Wind und dem Meer, und sie beruhigten sich. Ich verstand, dass Jesus bei mir war, dass er mein Anker in diesem gewaltigen Sturm war.

Als der Pastor während der Beerdigung zum Ende seiner Ansprache gekommen war und fragte, ob noch jemand etwas sagen wollte, gab Gott mir einen Schubs, und ich erzählte vor einer vollen Kirche von meinem Vertrauen auf Gott und der Hoffnung, die ich durch Jesus Christus habe.

Heute hat mein Herz eine große Narbe, aber mein Glaube und meine Beziehung zu Gott sind stark. Ich verstehe Gottes Wege nicht, aber ich vertraue ihm. Eines Abends bat ich Gott, mir zu zeigen, dass es Miguel gut geht, und in derselben Nacht träumte ich von ihm. Er lachte übers ganze Gesicht. Miguel ist bei Jesus, und es geht ihm dort viel besser, als es ihm hier auf dieser Erde ging. „Und Gott wird abwischen alle Tränen von ihren Augen, und der Tod wird nicht mehr sein, noch Leid noch Geschrei noch Schmerz wird mehr sein" (Offenbarung 21,4; Luther). Jesus ist meine Hoffnung – ohne ihn wäre ich verloren.

Natalie Cunha ist Lehrerin und lebt in Ponta Delgada auf den Azoren.

Wie ein bunter Mantel auf dem Grab

Elisabeth Hoefliger

Wenn ich gefragt werde, wie viele Kinder mein Mann und ich haben, zögere ich meistens einen Moment. So einfach lässt sich diese Frage nicht beantworten und nicht immer besteht die Gelegenheit zu einem tieferen Gespräch. Deshalb habe ich mir angewöhnt zu sagen, dass wir sechs Kinder haben. Aber so ganz stimmt das nicht.

In Gedanken gehe ich zwanzig Jahre zurück. Zu der Zeit sind wir eine Familie mit vier Kindern – drei Jungen und ein Mädchen. Insgeheim wünsche ich mir noch ein Kind, am liebsten ein Mädchen. Da lese ich an einem Tag in der Bibel, dass Gott Hanna noch drei Söhne und zwei Töchter schenkte, nachdem sie ihren Erstgeborenen in die Obhut des Priesters in den Tempel gebracht hatte (1. Samuel 2,21). Irgendwie lässt mich der Eindruck nicht mehr los, dass Gott uns zu unseren vier Kindern noch ein Mädchen schenken wird.

Bald darauf bin ich schwanger.

Im Verlauf der Schwangerschaft finden wir bei einem Ultraschall heraus, dass wir kein Mädchen, sondern einen Jungen erwarten. Ich denke mir, dass ich wohl meine eigenen Wünsche und Vorstellungen in den Bibelvers hineininterpretiert habe.

Als Timon nach einer langen Geburt auf die Welt kommt, spielt sein Geschlecht keine Rolle mehr. Freudestrahlend und mit dankbarem Herzen schließen wir unseren Sohn in die Arme. Wir alle, auch seine älteren Geschwister, lieben ihn sehr.

Nach fünf Wochen schenkt uns Timon sein erstes Lächeln. Am nächsten Morgen finde ich ihn tot in seinem Bettchen. Für uns wird ein Albtraum Wirklichkeit: Timon stirbt an plötzlichem Kindstod.

Die folgenden Tage, Wochen und Monate sind sehr schwierig. Wie betäubt schleppe ich mich durch den Alltag. Vieles, was vorher von Bedeutung gewesen ist, sehe ich nun mit anderen Augen. Es hat angesichts unseres großen Verlustes seine Wichtigkeit verloren. Mir wird bewusst, wie unendlich kostbar, aber auch zerbrechlich das menschliche Leben ist. Dies umso mehr, als ich in der Folge zweimal ein Baby in der 14. Schwangerschaftswoche verliere. Es ist wie eine Wunde, die nicht verheilt und immer wieder aufgerissen wird. Ich verstehe Gott nicht, klage ihn an, rebelliere, klammere mich aber doch an meinen Lieblingsvers in der Bibel: „Wir wissen, dass für die, die Gott lieben und nach seinem Willen zu ihm gehören, alles zum Guten führt“ (Römer 8,28; Neues Leben).

Während dieser schweren Zeit nehme ich an einer Frauenkonferenz teil. Die Referentin ermutigt dazu, Kindern, die abgetrieben wurden oder im Mutterleib gestorben sind, einen Namen zu geben. Mir wird klar, dass ich vom Schmerz über Timon noch so überwältigt bin, dass ich den Verlust unserer beiden kleinen Babys – beides Jungen – überhaupt nicht verarbeitet habe. Zu Hause geben mein Mann und ich ihnen Namen und lassen sie im Gebet bewusst los. Auch sprechen wir Gott unser Vertrauen aus, dass er trotz allem, was wir nicht verstehen, gute Gedanken über unserem Leben hat und keine Fehler macht. Dies ist für mich ein wichtiger Schritt auf dem Weg zur Heilung.

Wenige Monate später werde ich schwanger. Rebecca Joy kommt auf die Welt – „Joy“, das englische Wort für „Freude“, weil nach dem langen Winter die Zeit des Singens und der Freude gekommen ist. Diese Bibelverse aus dem Hohelied 2,11–12 schreiben wir auch auf Rebeccas Geburtsanzeige.

Eines Tages kommt mir wieder die Geschichte von Hanna und ihren Kindern in den Sinn. Nun ist mein Eindruck von damals doch noch Realität geworden. Hanna hatte ja nicht nur *drei* Söhne und zwei Töchter, sondern *vier* Söhne und zwei Töchter! Einen Sohn, Samuel, ließ sie freiwillig los, damit er im Tempel aufwachsen konnte. Es ist ihr sicherlich nicht leichtgefallen, und ich denke, sie vermisste ihn sehr. Sie hat ihm jedes Jahr einen kleinen Mantel genäht, wenn sie mit ihrem Mann zum Tempel kam, um das jährliche Opfer zu bringen. Einer unserer Söhne verglich den Mantel – er stellte ihn sich farbig vor – mit den Blumen, die wir regelmäßig auf Timons Grab legen. Das berührt mich sehr.

In der Bibel steht: „Der junge Samuel wuchs inzwischen in der Gegenwart des Herrn auf" (1. Samuel 2,21; Neues Leben). In Anlehnung an diesen Vers schreiben wir auf Timons Grabstein: „Timon wächst auf in der Gegenwart des Herrn."

Die Gewissheit, dass unser kleiner Sohn bei seinem himmlischen Vater aufwächst, gibt uns sehr viel Trost. Wir haben ihn zwar nicht freiwillig hergegeben wie Hanna ihren Samuel, aber die Hoffnung, dass er am bestmöglichen Ort überhaupt ist, wo es keine Tränen mehr gibt und ewige Freude herrscht, gibt uns Kraft.

Drei Jahre später überrascht Gott uns, indem er noch einmal alle unsere Vorstellungen und Erwartungen übertrifft. Unsere jüngste Tochter Amy wird geboren – ein wunderbares Geschenk des Himmels.

Ich würde gerne sagen, dass ich durch all das Erlebte weniger Probleme habe, unsere Kinder loszulassen. Leider ist das nicht der Fall. Es fordert mich ganz schön heraus, wenn ich nichts von ihnen höre oder Unvorhergesehenes passiert. Andererseits empfinde ich es als äußerst wertvoll, dass meine Beziehung zu Gott an Tiefe und Schönheit zunimmt. Denn wohin sollte ich gehen, wenn nicht zu ihm? Ich habe eine große Leidenschaft für das Gebet und auch eine Perspektive für die Ewigkeit gewonnen.

Kürzlich habe ich gelesen, dass dort, wo unser größter Schmerz ist, auch unsere Berufung liegt. Gott möchte sie freisetzen. Gleich der Raupe, die in der Verpuppungsphase Druck und Enge erlebt, um danach als wunderbarer Schmetterling aus dem Kokon zu schlüpfen und davonzufliegen. Dieses Bild ermutigt mich, in schwierigen Zeiten meinen Blick auf Gott zu richten, der mit seiner schöpferischen Umwandlungskraft in mir wohnt und Trauer in Freude verwandelt.

Elisabeth Hoefliger ist gelernte Übersetzerin.

Gott bleibt derselbe

Jessica Fröse

Als ich an einem Vormittag im November im Büro die E-Mails nicht mehr richtig lesen konnte, dachte ich zuerst an Vitaminmangel und holte mir aus der Apotheke Vitamintabletten. Leider besserte sich mein Sehvermögen nicht. Nachdem ich bei meiner Augenärztin angerufen und die Situation geschildert hatte, teilte diese mir mit, dass ich sofort vorbeikommen sollte. Dort wurde ich sehr lange untersucht und bekam die Anordnung, direkt in die Augenklinik zu fahren und keine Zeit zu verlieren. Bis dahin war ich noch nie im Krankenhaus gewesen und hatte keinerlei Beschwerden mit den Augen gehabt. Ich bemerkte die Ratlosigkeit der Ärztin. In mir stieg Panik auf. Gleichzeitig kam mir der Gedanke, dass alles in Gottes Hand ist und er die Ärzte im Krankenhaus lenken kann, um herauszufinden, was ich habe und wie mir geholfen werden kann.

Ich betete, dass ich Gott vertrauen, alles an ihn abgeben und seine Nähe spüren würde. Mir kam der Vers in den Sinn, in dem es heißt: „Wir wissen aber, dass denen, die Gott lieben, alle Dinge zum Besten dienen“ (Römer 8,28; Luther). *Was soll daran gut sein?*, fragte ich mich. *Ich bin doch noch jung, gerade 26 Jahre alt, und habe so viele Pläne!*

Zehn Minuten vor Feierabend kam ich in der Ambulanz an. Wieder wurde mir bewusst, dass Gott alles in der Hand hat und lenkt. Am gleichen Nachmittag und am nächsten Tag wurde ich ambulant untersucht und anschließend stationär zur Diagnosefindung aufgenommen. Ich bin dankbar für meine Lieben, die sich nach mir erkundigt, für mich gebetet und mich besucht haben. Ich fühlte mich nie einsam, da ich wusste, dass Gott mir nah ist. Dankbar bin auch für die innere Ruhe, die Gott mir schenkte. Ich hatte viele gute Gespräche mit anderen Patienten. Da Adventszeit war, hörte ich mir an einem Abend mit meinen Zimmernachbarinnen im Radio Weihnachtslieder an und wir sangen gemeinsam. Es war schön, mit älteren Damen über ihre Kindheit zu sprechen und ihre Dankbarkeit zu sehen, obwohl sie nicht gläubig waren. Sollten wir, die wir Gottes Kinder sind, nicht viel dankbarer sein?

Ich hatte vierzig Prozent Sehverlust auf dem linken Auge. Woher das kam und was werden würde, wussten die Ärzte nicht. Ich fragte mich, ob ich blind werden würde. Meine Kollegen erkundigten sich, wann ich wiederkommen würde, und ich konnte ihnen keine Auskunft geben. Würde ich jemals wieder arbeiten können? Viele Fragen waren offen. Vom Typ her bin ich sehr durchorganisiert und durfte durch diese Situation lernen, Gott zu vertrauen. Tief im Inneren spürte ich eine Ruhe und die Gewissheit, dass er für mich einen Weg bereitet und einen Plan hatte.

Mir kam immer wieder die Geschichte von Hiob in den Sinn. „Der Herr hat's gegeben, der Herr hat's genommen; der Name des Herrn sei gelobt!“ (Hiob 1,21; Luther). Trotz meines Sehverlustes war mir immer zum Loben zumute. Hiob klagte Gott ja auch nicht wegen seiner Verluste an. Wie sollte ich es tun, wenn ich sein Kind bin und ihm vertraue? Gott macht keine Fehler!

Nach fünf Tagen Ungewissheit wurde ich mit der Diagnose „Augenentzündung“ entlassen. Ob es jemals wieder besser oder eventuell sogar schlechter werden würde, konnte man mir nicht sagen.

Einen Tag nach meiner Entlassung fiel mir eine christliche Zeitschrift aus einer Gemeinde vor Ort in die Hand. Die Überschrift eines Artikels lautete „God is good all the time“ („Gott ist allezeit gut“), was auf einer Haustür geschrieben stand. Ich begann zu weinen. Warum musste ich gerade in diesem Augenblick, in dem alles offen und unsicher war, genau das lesen? Ich fragte mich, ob ich diesen Satz mit meinem Namen unterschreiben könnte. Wäre ich bereit, ihn an meine Tür zu schreiben?

Etwa zwei Wochen später war ich zur Einholung einer Zweitmeinung in einem anderen Krankenhaus. Im Wartezimmer lernte ich eine Patientin kennen und wir unterhielten uns über den Grund unserer Untersuchungen. Sie erzählte mir, dass sie insgesamt mit beiden Augen nur noch siebzig Prozent sieht und trotzdem Autofahren darf und ihrem Job als Briefträgerin nachgeht. Das machte mir Mut, dass ich vielleicht nur eine Umschulung brauchte, um weiterarbeiten zu können.

Im Krankenhaus wurden alle Untersuchungen wiederholt. Ich bekam die Diagnose, dass sich meine Situation etwas gebessert und ich nur noch fünfunddreißig Prozent Sehverlust hatte. Die Diagnose des ersten Krankenhauses wurde jedoch

Danksagung

Ich bedanke mich bei allen LYDIA-Leserinnen, die ihre Geschichte für dieses Buch eingesendet haben. Sie alle sind mutig, denn Sie lassen andere in Ihr Leben schauen. Sie haben Ihre Zweifel, Ängste und Schmerzen offengelegt, um zu zeigen, wie Gott Sie durch schwere Zeiten getragen hat. Mit Ihren Erfahrungen machen Sie anderen Mut. Mut, Gott zu vertrauen. Mut, sich an ihm festzuklammern. Mut, nicht aufzugeben, sondern darauf zu vertrauen, dass nach dem Dunkel wieder Licht kommen wird.

Möge dieses Buch zum Segen für viele Leser werden!

Ellen Nieswiodek-Martin

MIX
Papier aus verantwortungsvollen Quellen
FSC® C014496

in der Gerth Medien GmbH, Dillerberg 1, 35614 Asslar

1. Auflage 2016
Bestell-Nr. 817143
ISBN 978-3-95734-143-3

Bearbeitung: Delia Holtus, Nicole Schol
Umschlaggestaltung: spoon design, Olaf Johannson
Umschlagfoto: Shutterstock
Satz: Greiner & Reichel GmbH, Köln
Druck und Verarbeitung: GGP Media GmbH
Printed in Germany

www.lydia.net